会计真账一本通
会计基础与实务

主　编　陆　蕊　安　芳　卢庆玲

副主编　陈　野

立信会计出版社
LIXIN ACCOUNTING PUBLISHING HOUSE

图书在版编目（CIP）数据

会计真账一本通. 会计基础与实务 / 陆蕊, 安芳, 卢庆玲
主编. --上海：立信会计出版社, 2021.12（2022.5 重印）
ISBN 978-7-5429-7034-3

Ⅰ. ①会… Ⅱ. ①陆… ②安… ③卢… Ⅲ. ①账务
处理 Ⅳ. ①F231.2

中国版本图书馆 CIP 数据核字（2021）第 281231 号

责任编辑　　王斯龙

会计真账一本通——会计基础与实务
KUAIJI ZHENZHANG YIBENTONG KUAIJI JICHU YU SHIWU

出版发行	立信会计出版社	
地　　址	上海市中山西路 2230 号	邮政编码　　200235
电　　话	(021)64411389	传　　真　　(021)64411325
网　　址	www.lixinaph.com	电子邮箱　　lixinaph2019@126.com
网上书店	http://lixin.jd.com	http://lxkjcbs.tmall.com
经　　销	各地新华书店	

印　　刷	常熟市华顺印刷有限公司
开　　本	787 毫米×1092 毫米　1/16
印　　张	10
字　　数	262 千字
版　　次	2021 年 12 月第 1 版
印　　次	2022 年 5 月第 2 次
印　　数	3 001—6 100
书　　号	ISBN 978-7-5429-7034-3/F
定　　价	62.00 元

如有印订差错,请与本社联系调换

前　言

　　本书是会计人员的入门必修课程。随着社会经济发展的不断深入，会计知识、会计实务、会计技能不再只是会计人员应该掌握的专业知识，也成为企业经营者、管理者必须了解和熟悉的专业知识。

　　本书主要内容包括会计职业认知与发展、认知企业与开展会计工作、会计工作必备理论知识和企业主要经济业务账务处理内容，并把零基础会计学习素材、零基础会计练习题作为附录部分。本书以会计工作为主线，结合原始凭证、记账凭证、会计账簿、会计报表，全面介绍会计知识与技能。本书力求将理论与实践融为一体，做到通俗易懂、简单实用，使学员直观、轻松地认识会计工作的内涵和实质，了解会计的"记账""算账""报账"和"查账"等专业工作。

　　本书由陆蕊、安芳、卢庆玲担任主编，陈野担任副主编。具体编写分工如下：陆蕊负责编写第一章至第三章的内容及票据整理；安芳负责编写第四章第一至第七节的内容及票据整理；卢庆玲负责第四章第八节和附录一、附录二的内容及票据整理；陈野负责图片及相应文案策划。

编　者

2021 年 12 月

目　录

第一章 会计职业认知与发展

第一节 会计职业认知与发展(上篇)

一、什么是会计

(一)会计的概念

会计是以_____为主要计量单位,运用专门的方法,_____和_____一个单位_____的一种_____工作。

(二)企业财务人员对会计的理解

在企业工作的财务经理和会计人员对会计的理解:

会计 = _____ + _____ + _____

用专业的会计方法,记录、监管企业的"钱从哪里来,用到哪里去"(图1-1)。

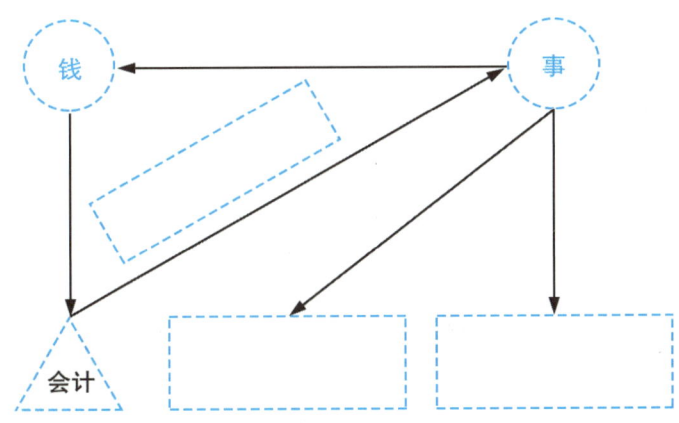

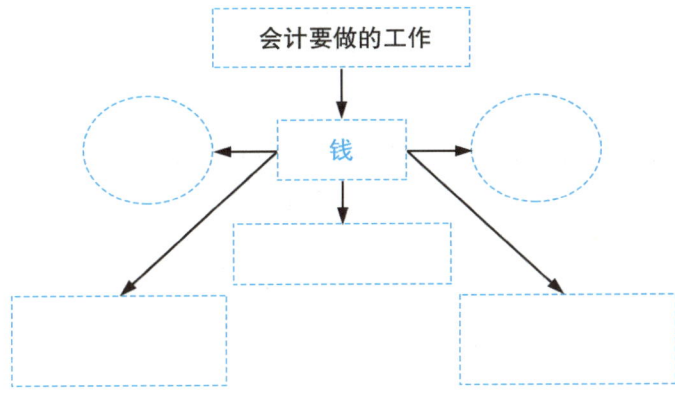

图1-1 "钱从哪里来,用到哪里去"

二、会计的工作流程

简单地说,会计的工作流程就是三个字:证、账、表(图 1-2)。

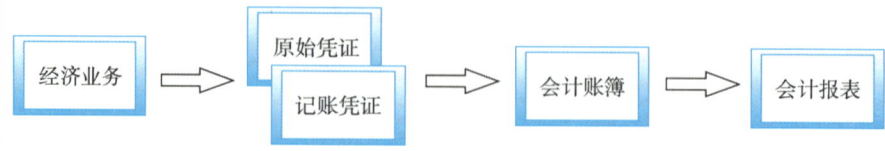

图 1-2　会计的工作流程

(一)会计凭证

"证"是指会计凭证,包括_____和_____。

1.原始凭证

原始凭证,又称单据,是指在_____时取得或填制的,用以记录或证明经济业务的发生或完成情况的原始凭据。

口说无凭,会计做账必须有依据,发生或完成每一件经济事项都必须取得单据。

▲原始凭证如图 1-3 所示。

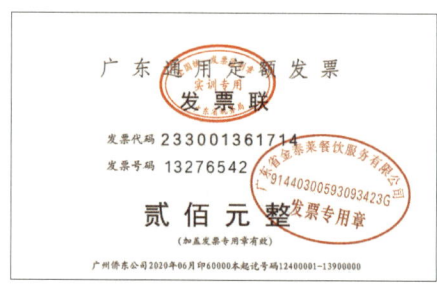

图 1-3　原始凭证示例

2.记账凭证

记账凭证又称原始凭证整理单或记账凭单。_____是会计人员根据审核无误的原始凭证,对经济业务按其性质加以归类,并据以确定会计分录后所填制的会计凭证,是_____的直接依据。

▲记账凭证如图 1-4 所示。

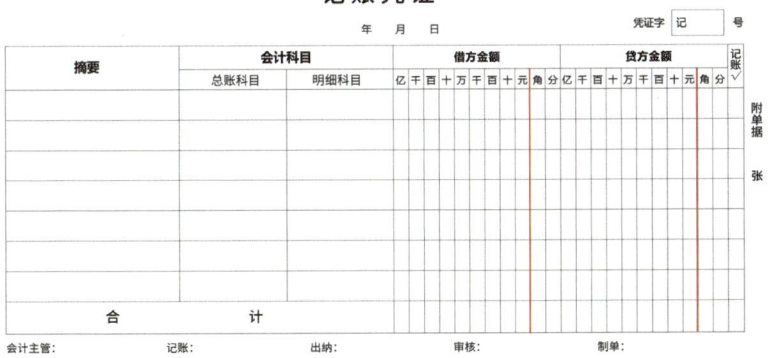

图 1-4　记账凭证

(二) 会计账簿

"账"是指会计账簿,它是由一定格式的账页组成的,以经过审核的会计凭证为依据,全面、系统、连续地记录各项经济业务的簿籍。

所有实行独立核算的企业都必须设置_____、_____和_____。

▲会计账簿如图 1-5 所示。

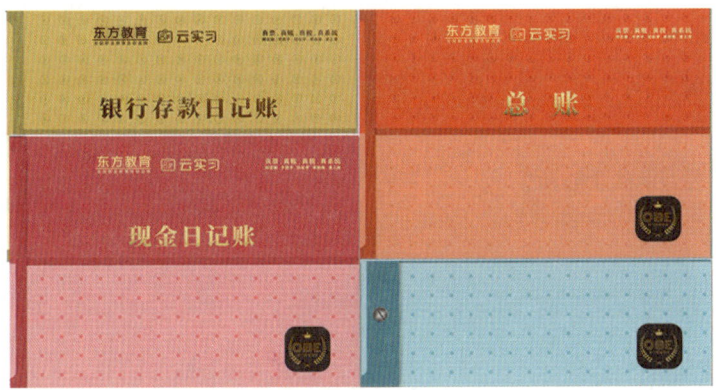

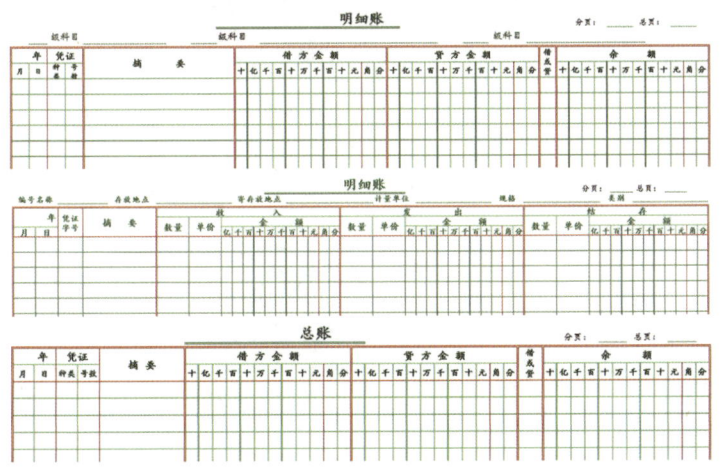

图 1-5　会计账簿示例

(三)会计报表

"表"是指会计财务报表,它是对企业财务状况、经营成果和现金流量的结构性表述,主要包括_____、_____、_____。

▲会计报表如图1-6所示。

资产负债表

会企 01 表

编制单位:××公司　　　　　　××年××月××日　　　　　　单位:元

资　　产	年初数	期末数	负债及所有者权益	年初数	期末数
流动资产:			流动负债:		
货币资金			短期借款		
交易性金融资产			交易性金融负债		
应收票据			应付票据		
应收账款			应付账款		
预付账款			预收账款		
应收利息			应付职工薪酬		
应收股利			应交税费		
其他应收款			应付利息		
存货			应付股利		
一年内到期的非流动资产			其他应付款		
其他流动资产			一年内到期的非流动负债		
流动资产合计			其他流动负债		
非流动资产:			流动负债合计		
可供出售金融资产			非流动负债:		
持有至到期投资			长期借款		
长期应收款			应付债券		
长期股权投资			长期应付款		
投资性房地产			专项应付款		
固定资产			预计负债		
在建工程			递延收益		
工程物资			递延所得税负债		
固定资产清理			其他非流动负债		
生产性生物资产			非流动负债合计		

第一章

资　　产	年初数	期末数	负债及所有者权益	年初数	期末数
油气资产			**负债合计**		
无形资产			实收资本		
开发支出			其他权益工具		
商誉			资本公积		
长期待摊费用			减:库存股		
递延所得税资产			盈余公积		
其他非流动资产			未分配利润		
非流动资产合计			**所有者权益合计**		
资产总计			**负债和所有者权益总计**		

图 1-6　会计报表示例

注:会计核算的最终结果是用会计报表反映和表达,以上为"资产负债表"格式,反映企业一定时点的财务状况,从资产负债表中可以看出企业静态会计要素分为资产、负债、所有者权益;静态会计要素之间的关系:资产=负债+所有者权益。

(四)会计工作及纳税申报

除了完成上述证、账、表外,会计人员还要在规定的时期内向税务局完成纳税申报。

1.传统手工账会计工作流程(图 1-7)

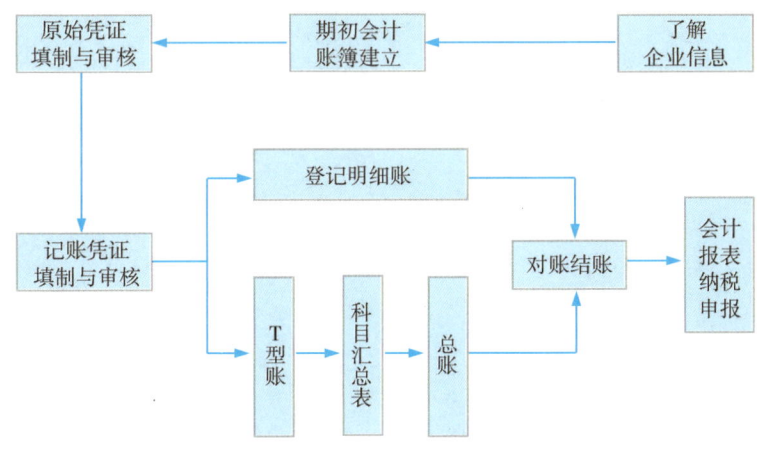

图 1-7　传统手工账会计工作流程

2. 信息化时代财务软件账务处理工作图(图1-8)

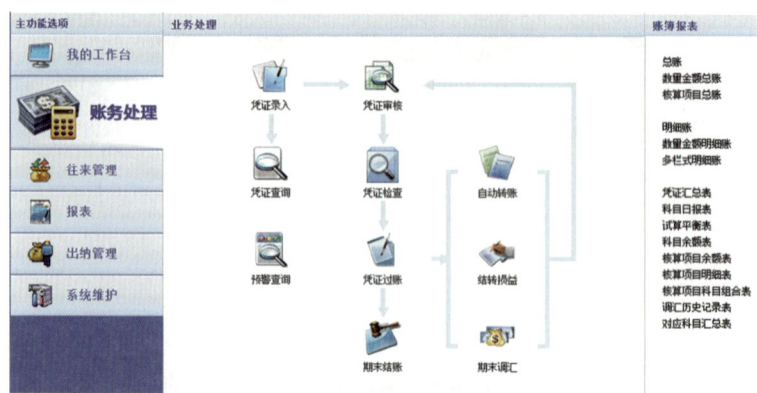

图1-8　信息化时代财务软件账务处理工作

3. 电子税务局纳税申报工作(图1-9)

图1-9　电子税务局纳税申报工作

第二节 会计职业认知与发展(下篇)

一、会计职业的优势

(1)社会需求量大。

(2)_____

(3)会计职业寿命长。

(4)_____

(5)会计职业性价比高,比较容易转行。

(6)_____

二、什么样的人员最适合选择会计职业

在图1-10中填写正确答案。

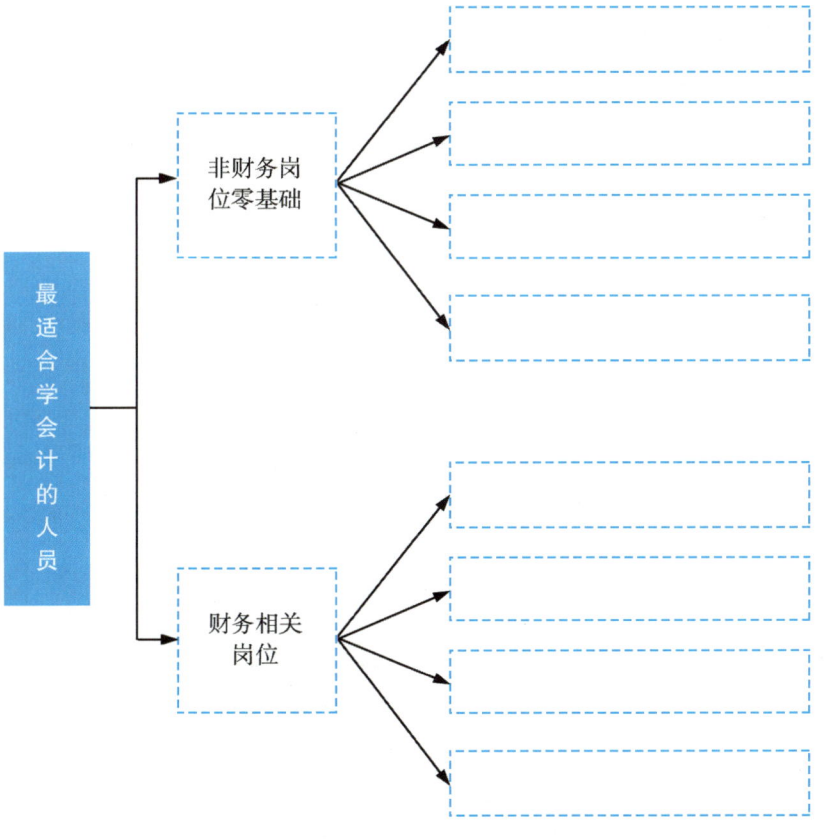

图1-10 最适合学会计的人员

第
一
章

三、会计职业发展方向

在图 1-11 中填写正确答案。

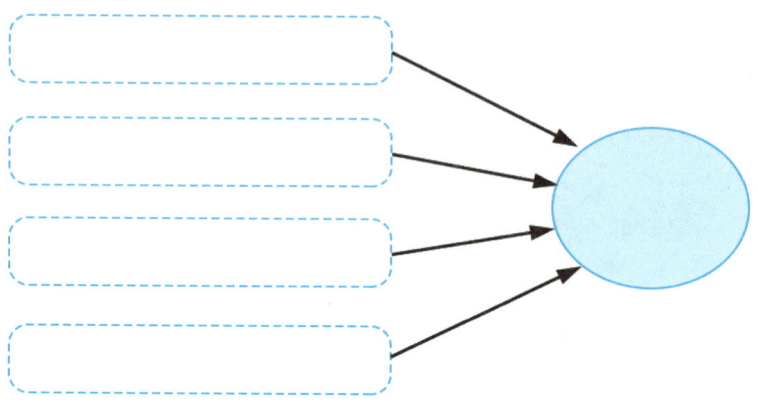

图 1-11 会计职业发展方向

四、会计职业成功之路

在图 1-12 中填写正确答案。

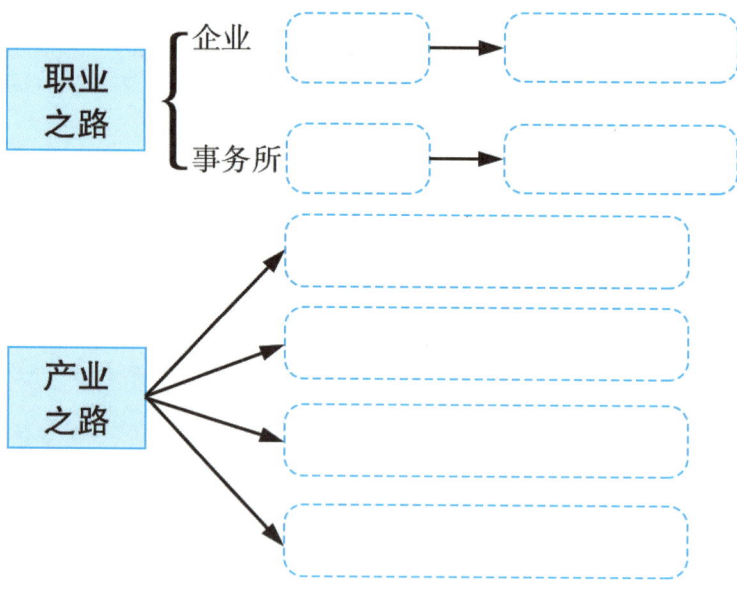

图 1-12 会计职业成功之路

五、企业会计人员晋升之路

在图 1-13 中填写正确答案。

图1-13 企业会计人员晋升之路

六、如何成为受企业欢迎的好会计

(一)老板喜欢的会计

(1)有丰富的会计实践经验。

(2) _____

(3)有诚实的品行和踏实的工作态度。

(4) _____

(5)有熟练的信息化应用能力。

(6) _____

(二)如何成为有经验的好会计

(1) _____

(2)先找一份会计工作自己慢慢摸索。

(3) _____

第二章　认知企业与开展会计工作

第二章

第一节　认识企业及企业经营业务

一、认识企业

企业是以＿＿＿＿＿＿＿＿为目的,从事＿＿＿＿＿＿＿＿活动,向社会＿＿＿＿＿＿＿,实行自主经营、＿＿＿＿＿＿、依法设立的经济组织。

(一)按投资人的出资方式和责任形式分类

按照投资人的出资方式和责任形式不同,将企业分类填入图2-1。

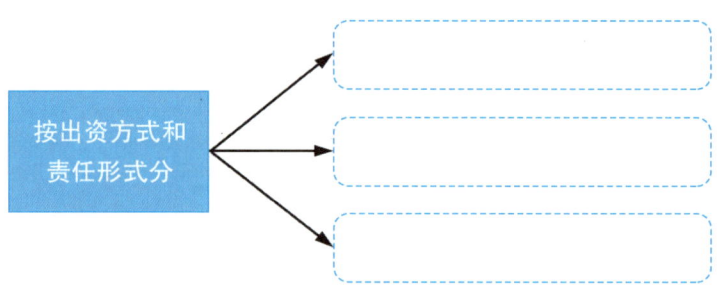

图2-1　企业分类(1)

1. 个人独资企业

《中华人民共和国个人独资企业法》规定,个人独资企业是指依法在中国境内设立,由一个自然人投资,财产为投资人个人所有,投资人以其＿＿＿＿＿＿＿＿对企业债务承担无限责任的经营实体。

个人独资企业由来已久,其典型特征是个人出资、＿＿＿＿＿＿＿、个人自负盈亏和＿＿＿＿＿＿＿。

2. 合伙企业

《中华人民共和国合伙企业法》规定,合伙企业是指自然人、法人和其他组织依法在中国境内设立的＿＿＿＿＿＿＿＿＿＿＿和＿＿＿＿＿＿＿＿。

普通合伙企业由普通合伙人组成,合伙人对合伙企业的债务承担＿＿＿＿＿＿＿责任。

有限合伙企业由普通合伙人和有限合伙人组成，_____对合伙企业债务承担无限连带责任，有限合伙人以_____为限对合伙企业债务承担责任。

3. 公司制企业

公司制企业简称公司，是指由法定人数以上投资人（自然人或法人）依法出资组建，有_____财产，自主经营、_____的法人企业。

《中华人民共和国公司法》规定，公司是指依法在中国境内设立的_____公司和_____公司。投资人以其认缴的出资额为限对公司债务承担责任。

（二）按从事经营活动内容不同分类

按照从事经营活动内容的不同，将企业分类填入图2-2。

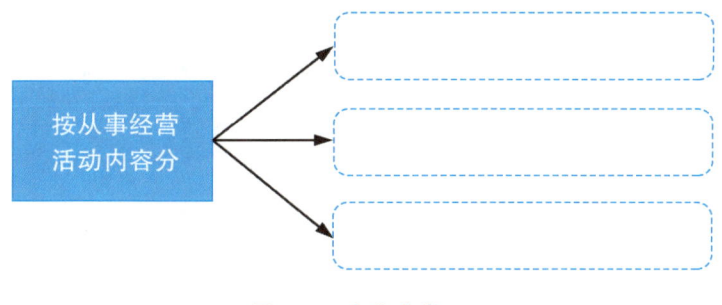

图2-2　企业分类（2）

（1）工业企业主要从事_____活动或_____活动，包括供应、_____、销售三个环节。

（2）商品流通企业主要从事_____活动，包括_____、销售两个环节。

（3）服务型企业主要从事交通运输、餐饮、_____、旅游等服务性劳务活动，与前两者最大的区别在于其提供的是服务产品。

二、企业经营业务

工业企业、商业企业和服务型企业，三者中工业企业的经营业务最为全面和复杂。所以此处主要以工业企业为例进行介绍。

工业企业主要从事工业性生产经营活动或工业性劳务活动，包括筹资、_____、生产、_____和分配五个方面。请将具体的活动内容填入图2-3。

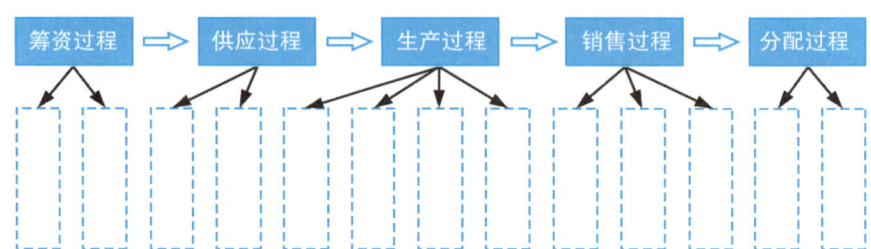

图 2-3　经营活动

(一) 筹资过程常见业务

(1) 收到投资者投入资本。

(2) 向银行等金融机构借款。

(二) 供应过程常见业务

(1) 采购设备,投入使用。

(2) 采购原材料,验收入库。

（3）支付采购款项。

（三）生产过程常见业务

（1）领用原材料。

（2）支付职工工资等薪酬。

（3）支付其他相关费用(车间水电费、维修费等)及分配间接耗费。

（4）产品完工,验收入库。

（四）销售过程常见业务

（1）确定销售收入。

（2）收到销售货款。

（3）确认销售过程中的相关税费。

第二章

(4) 支付相关销售费用(广告费、运输费等)。

(5) 支付相关其他期间费用(招待费、差旅费等)。

(6) 结转销售成本。

(五) 分配过程常见业务

(1) 利润的形成。

(2) 利润的分配。

　　企业的经济活动和经营业务需要通过一定的方式反映,而证明经济业务发生或完成的原始依据就是原始凭证,所以说_____是会计工作的起点。

　　企业经济业务发生后,会计根据审核无误的_____编制_____,然后根据审核无误的记账凭证登记_____,最后根据会计账簿编制_____,并完成_____工作。

第二节　如何开展会计工作

一、会计究竟要做些什么工作

会计要做的工作是：用专业的会计方法，把企业资金的来龙去脉，记录好、监管好。请填写图2-4。

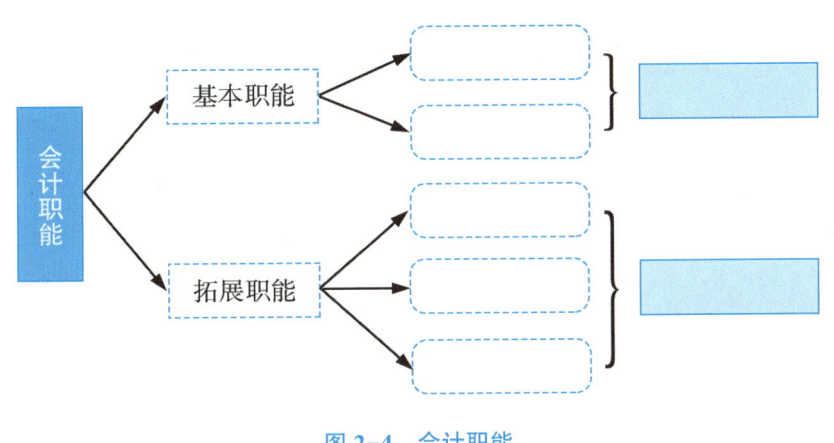

图 2-4　会计职能

记录（＿＿＿＿＿＿＿＿）→会计方法（＿＿＿＿＿＿＿→账→

＿＿＿＿＿＿＿）

监管（＿＿＿＿＿＿）→管理思维（对经济业务活动＿＿＿＿＿、

合理性、＿＿＿＿＿监督）

（一）会计核算

会计核算是指会计以货币为主要计量单位，对特定主体的经济活动进行＿＿＿＿＿、计量、＿＿＿＿＿和＿＿＿＿＿。

1.为什么要以"货币"为主要计量单位

打开会计凭证、会计账簿、会计报表，上面全都是数字。这些数字都是以人民币"元"为单位的金额。以货币为主要计量单位，更方便会计进行核算。

2.会计怎样对经济活动进行确认、计量、记录和报告

1）确认（能不能记账或用不用记账）

会计确认是指依据一定的标准、辨认哪些经济业务是需要进行会计核算的，解决的是＿＿＿＿＿问题。

公司决定开年终大会→＿＿＿＿＿做会计处理

公司新购入一批原料→＿＿＿＿＿＿＿＿＿＿做会计处理

【案例1】某公司发生通过银行转账方式购买原材料经济业务,取得增值税普通发票(发票联)、收料单、银行付款回单(图2-5、图2-6、图2-7),该业务是否需要进行确认,并做相关会计处理?

＿＿＿＿＿＿＿＿＿做会计处理。

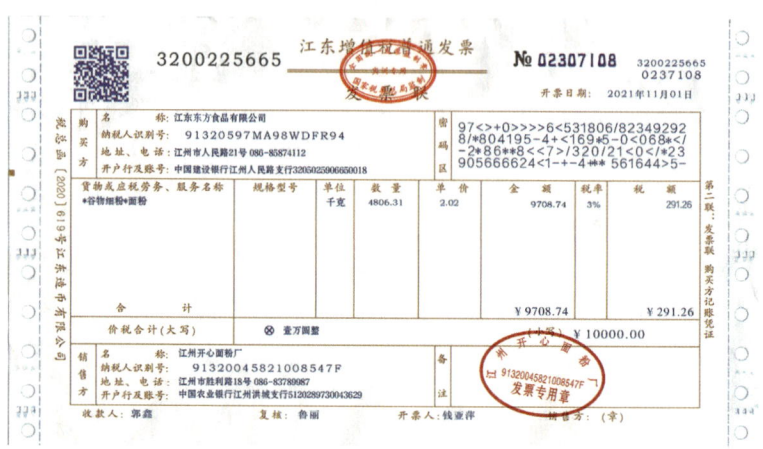

图 2-5　发票

江东东方食品有限公司收料单

验收部门:仓库部　　　　　2021 年 11 月 01 日　　　　No. 2012001

存货名称	规格	单位	数量	单价	金额	备注
面粉		Kg	4806.31	2.08	10,000.00	
合计					10,000.00	

采购经理:张洪　　　　会计:吴霞　　　　仓管:李庆　　　　签收人:王小英

第三联　财务联

图 2-6　收料单

中国建设银行　China Construction Bank　**中国建设银行单位客户专用回单**

币别:人民币　　　　　2021年11月01日　　　　流水号:320602145008000010

付款人	全 称	江东东方食品有限公司	收款人	全 称	江州开心面粉厂
	账 号	3205025906650018		账 号	5120289730043629
	开户行	中国建设银行江州人民路支行		开户行	中国农业银行江州洪城支行
金 额	(大写)人民币壹万圆整			(小写)￥10,000.00	
凭证种类	电子转账凭证		凭证号码	000206824812	
结算方式	转账		用 途	货款	

贷方回单

打印柜员:32066045001
打印机构:江州人民路支行
打印卡号:3205025906650018

打印时间:2021-11-01 11:07:40　　　　交易柜员:320001450D36　　　　交易机构:320001450

图 2-7　回单

2)计量(记多少)

会计计量是指在会计确认的基础上确定具体＿＿＿＿＿＿＿＿＿＿,解决的是_____问题。

承上述案例:通过银行转账方式购买原材料,增值税普通发票、收料单上注明材料价款为 10 000 元,另银行付款回单上的付款金额为 10 000 元,所以原材料和银行存款的记账金额为_____元。

3）记录(怎么记)

会计记录是指在会计凭证、账簿上记录经济业务。

承上述案例:上述经济业务,经确认后,确定原材料、银行存款记账金额为 10 000 元,会计应该在_____和_____中分别记录原材料增加 10 000 元,银行存款减少 10 000 元。

4）报告(通过编制财务报告提供信息)

会计报告是确认、计量和记录的结果,即通过报告,将确认、计量、记录的结果进行归纳和整理,以_____的形式提供给信息使用者。

承上述案例:上述经济业务,在编制_____中,相关报表项目,(存货)要反映+10 000 元,(货币资金)要反映−10 000 元。

(二)会计监督

会计监督是指会计人员在进行会计核算的同时,对特定主体经济活动的_____、合法性和_____进行审核。

(1)_____审查是指检查各项会计核算是否根据实际发生的经济业务进行,是否如实反映经济业务或事项的真实状况。

(2)_____审查是指检查各项经济业务及其会计核算是否符合国家有关法律法规,遵守财经纪律,执行国家的各项方针政策,以杜绝违法乱纪行为。

(3)_____审查是指检查各项财务收支是否符合客观经济规律及经营管理方面的要求、保证各项财务收支符合特定的财务收支计划、实现预算目标。

二、开展会计工作的基本前提条件

开展会计核算工作的前提条件也称_____,它是企业会计确认、计量、记录和报告的前提,是对会计核算所处时间、空间环境等所作的合理假定,主要包括:会计主体、_____、会计分期和_____四项。

会计核算的基本前提,也叫会计假设,包括四项。请填入图 2-8。

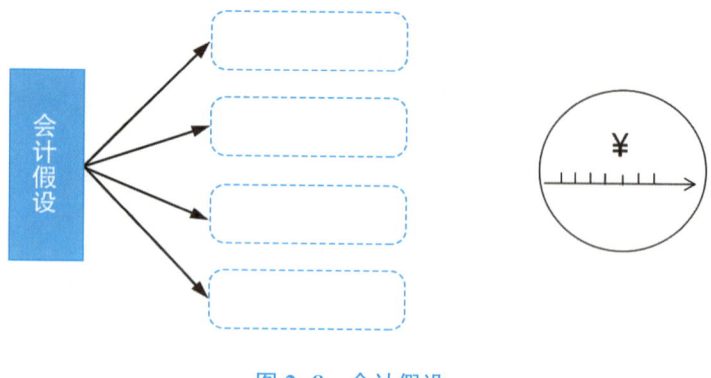

图 2-8　会计假设

(一) 会计主体

会计主体是指企业会计确认、计量、记录和报告的_____，即会计核算和监督的特定单位或组织。(为"谁"做账,"谁"就是会计主体)

会计主体可以是法人:某个企业会计主体也可以是非独立法人:如独资企业、合伙企业、企业的分支机构或企业内部的某一部门。

法律主体(法人)一定是_____，会计主体不一定是_____。

(二) 持续经营

持续经营是指会计主体在可预见的未来,将根据正常的经营方针和既定的经营目标持续经营下去,明确了会计核算的_____。

【注意】持续经营只是一个假设,事实上,企业可能出现破产、清算等情况。企业一旦进入清算,就应当改按清算会计处理。

(三) 会计分期

1. 会计分期的概述

会计分期是指将一个企业持续经营的经济活动划分为一个个连续的、长短相同的期间,以便_____和编制财务会计报告。会计分期为会计核算确立了时间范围。

会计期间分为年度和_____。

我国会计年度的起讫日期采用公历日期,即 1 月 1 日至 12 月 31 日。

中期是指短于一个完整的会计年度的报告期间,可以分为半年度、_____和月度等。

2.会计基础

在确立了"会计分期"的前提后,为了正确地分期核算企业的收入、费用和利润,还应掌握会计基础相关内容。会计基础是指会计确认、计量、记录和报告的基础,包括权责发生制和_____。会计基础是确认一定会计期间的收入和费用,从而确定损益的标准。

(1)权责发生制,也称应计制或应收应付制,是指收入、费用的确认应当以收入和费用的_____作为确认的标准,合理确认当期损益的一种会计基础。适用于企业,政府会计_____。

(2)收付实现制,也称现金制,是以_____作为确认收入和费用的标准,是与权责发生制相对应的一种会计基础。适用于政府会计_____。

完成表2-1的填写。

表2-1 权责发生制和收付实现制的计算

举例		权责发生制		收付实现制	
		本期收入	本期费用	本期收入	本期费用
1	本月预收下月销货款5 000元				
2	本月预付全年的水电费2 400元				
3	本月销售货物8 000元,实际收到货款5 000元,余款下月收取				
4	本月购入办公用品1 000元,款项尚未支付				

(四)货币计量

货币计量是指会计主体在会计确认、计量、记录和报告时以_____作为计量尺度,反映会计主体的经济活动。在我国,会计核算以_____作为记账本位币。

业务收支以人民币以外的货币为主的单位,可以选定其中一种外币作为记账本位币,但编制的_____应当折算为人民币反映。

第三章 会计工作必备理论知识

第一节 会计对象、会计要素、会计等式

一、会计对象

（一）会计对象的概念

会计对象是指会计_____和_____的内容，具体是指社会再生产过程中能以货币表现的经济活动，即_____或价值运动。

用专业的会计方法，记录、监管好企业的"钱从哪里来，用到哪里去"。请填写图3-1。

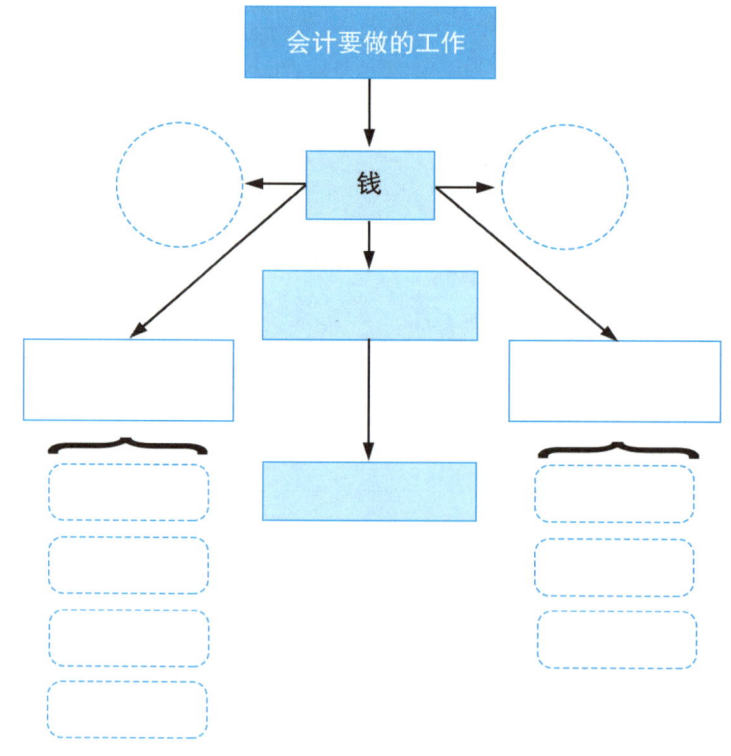

图3-1 会计要做的工作

（二）工业企业的资金运动

工业企业的资金运动通常表现为资金投入、资金运用和资金退出三个过程。请填写图3-2。

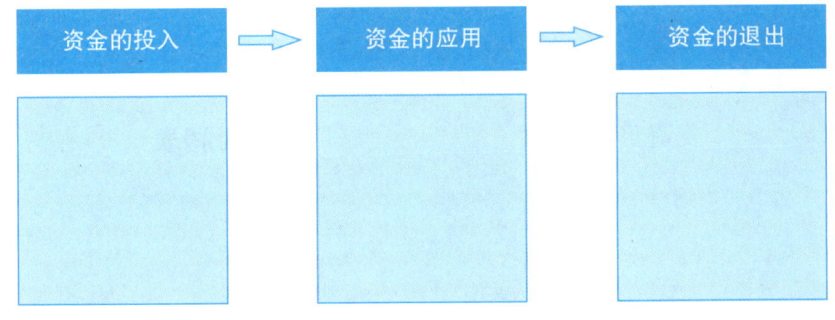

图 3-2 资金运动

1. 资金的投入

资金包括企业所有者(投资者)投入的资金和_____的资金两部分,前者属于企业所有者权益,后者属于企业债权人权益即企业_____。

2. 资金的运用

(1) 供应过程。企业购买原材料、购买生产设备,发生材料费、运输费、装卸费等材料采购成本,与供应单位发生货款的结算关系。

(2) 生产过程。企业发生原材料消耗的材料费、固定资产磨损的折旧费、生产工人劳动耗费的人工费等;同时,还将发生企业与工人之间的工资结算关系、与有关单位之间的劳务结算关系等。

(3) 销售过程。企业发生的有关销售费用、收回货款等业务活动,并同购货单位发生货款结算关系等。

3. 资金退出

资金退出过程包括偿还各项债务(借款)、上缴各项税费、向所有者分配利润等。

二、会计要素

企业的资金运动纷繁复杂,为了更好地向信息使用者提供会计信息,为了便于会计确认、计量、记录和报告,首先就要对_____进行基本分类,因此形成了会计要素的概念,经济业务所引起的资金运动具体表现为会计要素的增减变动。

会计要素是指根据交易或者事项的经济特征所确定的财务会计对象的基本分类。

(一)会计要素分类

完成图 3-3 的填写。

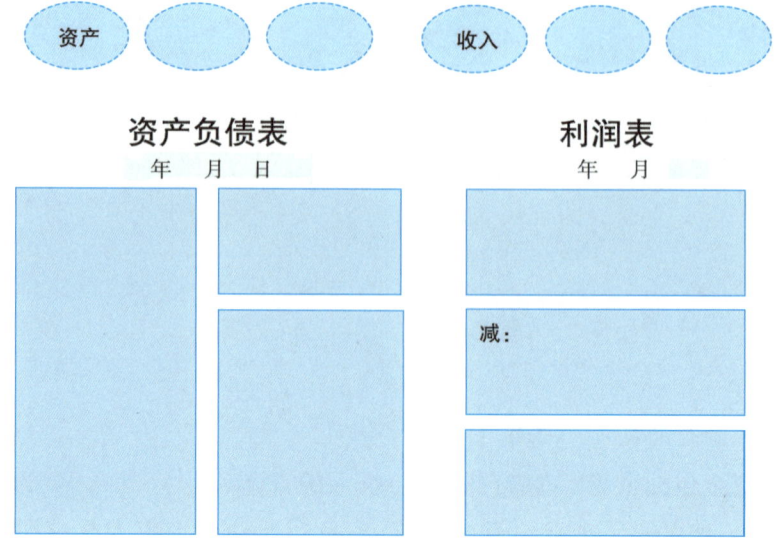

图 3-3　会计要素分类

(二) 会计要素案例学习

怎样记录一个公司的资产、负债、所有者权益、收入、费用、利润？

1. 记录公司的资产、负债、所有者权益

第一：开办公司所需要的资源（资金）是谁的？钱从哪里来——资金的来源。

这只有两个来源，一个来源就是公司所有者自己投入的资本——所有者权益（股东权益）；另一个来源就是在公司成立后，以公司名义向银行等债权人借来的部分——负债。

第二：这些资源用在哪里了？钱用到哪里去——资金的占用。

刚开办公司，首先要将股东投入的注册资本存入银行账户里，但随后就会转化为其他形式。例如，用银行存款购买原材料、机器设备，从银行提取现金等——资产。

第三：资产、负债、所有者权益之间有什么数量关系？

资产和权益肯定是相等的，可以用一个等式表示。在等号左边表现"资源（资金）用在哪里"即资金占用，在等号右边表示"资源（资金）是谁给的"即资金来源，称为会计恒等式。

资金占用＝资金来源

资产＝权益

资产＝债权人权益+所有者权益

资产＝＿＿＿＿＿＿＿＿＿＋＿＿＿＿＿＿＿＿

会计恒等式的运用如表 3-1 所示。

表 3-1　资产负债表（简表）

2020 年 12 月 31 日　　　　　　　　　　单位:元

资产项目	金额	负债及所有者权益项目	金额
银行存款	490 000	短期借款	200 000
原材料	10 000	实收资本	300 000
资产合计	500 000	负债及所有者权益合计	500 000

2.记录公司收入、费用、利润

会计恒等式确立以后,在公司经营过程中还会发现,只有资产、负债、所有者权益这三大类要素是不够用的,又有两个很现实的问题,需要我们直接面对。

第一:公司一旦开办,必然会消耗资源,例如要交水电费、交电话费、招待费等。我们的直觉是,这些资源已经从公司"消失",回不来了。会计上的做法是为此另起一类,称为公司的"费用"。

第二:公司通过经营活动,投入了费用必然会取得一些新资源、收益,会计上的做法也是为此另起一类,称为公司的"收入"。

第三:思考收入、费用、利润之间有什么数量关系?

利润＝收入-费用

利润等式的运用如表 3-2 所示。

表 3-2　利润表（简表）

2020 年 12 月　　　　　　　　　　单位:元

项　　目	金　　额
收入	100 000
减:费用	80 000
利润	20 000

(三) 会计要素的比较

1.资产＝负债+所有者权益

(1) 是某一日期(时点)的要素。

(2) 表现资金运动的相对静止状态,称为静态会计要素。

(3) 反映企业的财务状况。

（4）是编制资产负债表的依据。

（5）是会计上的第一等式。

（6）是复式记账法的理论基础。

2. 收入-费用=利润

（1）是某一时期的要素。

（2）表现资金运动的显著变动状态,称为动态会计要素。

（3）反映企业的经营成果。

（4）是编制利润表的依据。

（5）是会计上的第二等式。

请运用会计要素的比较的知识填写图3-4。

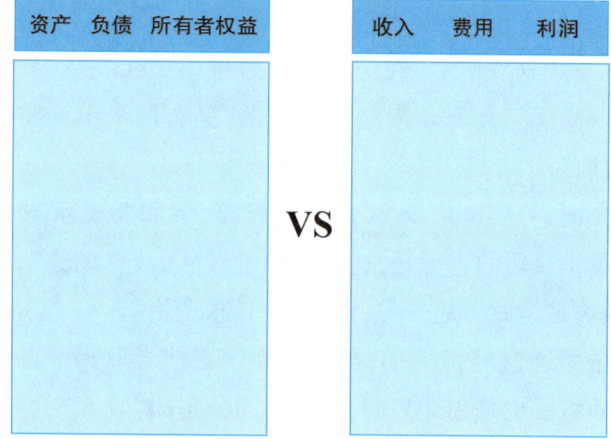

图3-4　会计要素的比较

【说明】资产、负债、所有者权益、收入、费用、利润六大会计要素具体知识见六大要素学习素材表。

三、会计等式

(一) 会计等式的形成

1. 静态等式

资产=权益

资产=债权人权益+所有者权益

资产=负债+所有者权益

2. 动态等式

利润=收入-费用

3. 综合等式

资产=负债+所有者权益

利润=收入-费用

利润最终归所有者拥有,所以:

资产＝负债＋所有者权益＋利润

又因为:利润＝收入−费用

可得,

资产＝负债＋所有者权益＋(收入−费用)

等号移向要变号,故得出如下等式:

资产＋费用＝负债＋所有者权益＋收入

(二)经济业务对会计等式的影响

企业发生的经济业务所引起的资金运动具体的表现为会计要素(资产、负债、所有者权益、收入、费用、利润)的增减变动。

那么,经济业务对会计等式的影响有什么规律?

1.经济业务对会计等式的影响结论

每一项经济业务的发生,都必然会引起会计等式的一方或双方有关项目相互联系的等量的变化,但始终不会打破会计等式的平衡关系。

(1)当涉及会计等式的一方时,有关项目的数额发生相反方向等额变动。

	资产		权益
①	↑↓	＝	不变
②	不变	＝	↑↓

总结:＿＿＿＿＿＿＿＿＿＿＿＿＿＿＿＿＿＿＿＿＿＿＿

(2)当涉及会计等式的两方时,有关项目的数额发生相同方向等额变动。

	资产		权益
①	↑	＝	↑
②	↓	＝	↓

总结:＿＿＿＿＿＿＿＿＿＿＿＿＿＿＿＿＿＿＿＿＿＿＿

2.经济业务对"资产＝权益"等式的影响

经济业务的发生引起"资产＝权益"等式两边会计要素变动的方式,可以总结归纳为以下四种类型:

(1)资产与权益同时等额增加。

(2)资产与权益同时等额减少。

(3)资产方等额有增有减,权益不变。

(4)权益方等额有增有减,资产不变。

总结如表3-3所示。

表 3-3　四种类型

经济业务类型	资　产	=	权　益
（1）	增加↑		增加↑
（2）	减少↓		减少↓
（3）	增加↑减少↓		不变
（4）	不变		增加↑减少↓

3. 经济业务对"资产＝负债+所有者权益"等式的影响

经济业务的发生引起"资产＝负债+所有者权益"等式两边会计要素变动的方式,可以总结归纳为以下九种类型:

（1）资产和负债要素同时等额增加。

（2）资产和负债要素同时等额减少。

（3）资产和所有者权益要素同时等额增加。

（4）资产和所有者权益要素同时等额减少。

（5）资产要素内部项目等额有增有减,负债和所有者权益要素不变。

（6）负债要素内部项目等额有增有减,资产和所有者权益要素不变。

（7）所有者权益要素内部项目等额有增有减,资产和负债要素不变。

（8）负债要素增加,所有者权益要素等额减少,资产要素不变。

（9）负债要素减少,所有者权益要素等额增加,资产要素不变。

总结如表 3-4 所示。

表 3-4　九种类型

经济业务类型	资产	=	负债	+	所有者权益	对资产总额影响
（1）	增加↑		增加↑			增加
（2）	减少↓		减少↓			减少
（3）	增加↑				增加↑	增加
（4）	减少↓				减少↓	减少
（5）	增加↑、减少↓					不变
（6）			增加↑、减少↓			不变
（7）					增加↑、减少↓	不变
（8）			增加↑		减少↓	不变
（9）			减少↓		增加↑	不变

举例说明:2020 年 12 月 1 日,江东领学食品有限公司在创办时,收

到股东吴军投入资金 30 万元,向银行借入资金 20 万元,企业的资产为 50 万元(表 3-5)。

表 3-5　业务分析　　　　　　　　　　　　单元:万元

业务分析	资产	=	负债	+	所有者权益
期初余额	50		20		30

假设 12 月发生如下经济业务,请逐笔分析经济业务发生对"资产=负债+所有者权益"等式的影响。

(1) 从银行取得 6 个月期借款 1 万元,存入公司银行存款账户。

该经济业务的发生,一方面使企业的资产——银行存款增加 1 万元;另一方面使企业的负债——短期借款增加 1 万元。由于这一变化,资产和负债及所有者权益的平衡关系如表 3-6 所示。

表 3-6　平衡关系

业务分析	资产	=	负债	+	所有者权益	对资产总额影响
业务发生前余额	50		20		30	
业务(1)						
业务发生后余额						

【结论】资产和负债要素同时等额增加

(2) 用银行存款归还所欠江州开心面粉厂的货款 5 万元。

该经济业务的发生,一方面使企业的资产——银行存款减少 5 万元;另一方面使企业的负债——应付账款减少 5 万元。由于这一变化,资产和负债及所有者权益的平衡关系如表 3-7 所示。

表 3-7　平衡关系

业务分析	资产	=	负债	+	所有者权益	对资产总额影响
业务发生前余额	51		21		30	
业务(2)						
业务发生后余额						

【结论】资产和负债要素同时等额减少

(3) 收到股东吴军追加的投资 10 万元,款项存入银行。

该经济业务的发生,一方面使企业的资产——银行存款增加 10 万元;另一方面使所有者权益——实收资本增加 10 万元。由于这一变化,资产和负债及所有者权益的平衡关系如表 3-8 所示。

表 3-8　平衡关系

业务分析	资产	=	负债	+	所有者权益	对资产总额影响
业务发生前余额	46		16		30	
业务(3)						
业务发生后余额						

【结论】资产和所有者权益要素同时等额增加

(4) 因公司缩小规模减少注册资本 20 万元,以银行转账方式,归还股东吴军。

该经济业务的发生,一方面使企业的所有者权益——实收资本减少 20 万元;另一方面使资产——银行存款也减少 20 万元。由于这一变化,资产和负债及所有者权益的平衡关系如表 3-9 所示。

表 3-9　平衡关系

业务分析	资产	=	负债	+	所有者权益	对资产总额影响
业务发生前余额	56		16		40	
业务(4)						
业务发生后余额						

【结论】资产和所有者权益要素同时等额减少

(5) 从银行提取现金 1 万元。

该经济业务的发生,一方面使企业的资产——银行存款减少 1 万元;另一方面使企业的资产——库存现金增加 1 万元。由于这一变化,资产和负债及所有者权益的平衡关系如表 3-10 所示。

表 3-10　平衡关系

业务分析	资产	=	负债	+	所有者权益	对资产总额影响
业务发生前余额	36		16		20	
业务(5)						
业务发生后余额						

【结论】资产要素内部项目等额有增有减,负债和所有者权益要素不变

（6）向银行借入 4 万元直接用于归还前欠江州市阳光面粉厂的货款。

该经济业务的发生，一方面使企业的一项负债——短期借款减少 4 万元；另一方面使另一项负债——长期负债增加 4 万元。由于这一变化，资产和负债及所有者权益的平衡关系如表 3-11 所示。

表 3-11　平衡关系

业务分析	资产	=	负债	+	所有者权益	对资产总额影响
业务发生前余额	36		16		20	
业务（6）						
业务发生后余额						

【结论】负债要素内部项目等额有增有减，资产和所有者权益要素不变

（7）经批准同意以资本公积 5 万元转增实收资本。

该经济业务的发生，一方面使企业的一项所有者权益——资本公积减少 5 万元；另一方面使另一项所有者权益——实收资本增加 5 万元，增减金额均为 5 万元。由于这一变化，资产和负债及所有者权益的平衡关系如表 3-12 所示。

表 3-12　平衡关系

业务分析	资产	=	负债	+	所有者权益	对资产总额影响
业务发生前余额	36		16		20	
业务（7）						
业务发生后余额						

【结论】所有者权益要素内部项目等额有增有减，资产和负债要素不变

（8）经研究决定，企业向投资者宣告分配现金股利 2 万元。

该经济业务的发生，一方面使企业的负债——应付利润增加 2 万元，同时使所有者权益——未分配利润减少 2 万元。经过这一变化，资产和负债及所有者权益双方的平衡关系如表 3-13 所示。

表 3-13　平衡关系

业务分析	资产	=	负债	+	所有者权益	对资产总额影响
业务发生前余额	36		16		20	
业务（8）						

(续表)

业务分析	资产	=	负债	+	所有者权益	对资产总额影响
业务发生后余额						

【结论】负债要素增加,所有者权益要素等额减少,资产要素不变

（9）经与债权人协商,将所欠江州市智慧食品有限公司 5 万元,转作其对本企业的投资。

该经济业务的发生,一方面使企业的所有者权益——实收资本增加 5 万元;另一方面使负债——应付账款减少 5 万元。经过这一变化,资产和负债及所有者权益双方的平衡关系如表 3-14 所示。

表 3-14　平衡关系

业务分析	资产	=	负债	+	所有者权益	对资产总额影响
业务发生前余额	36		18		18	
业务(9)						
业务发生后余额						

【结论】负债要素减少,所有者权益要素等额增加,资产要素不变

总结如图 3-5 所示。

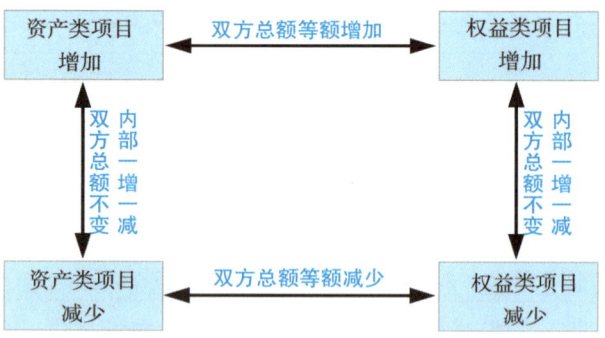

图 3-5　经济业务类型对会计基本等式的影响

第二节 会计科目及账户

一、会计科目及账户

(一) 会计科目的概念

会计要素是对会计对象的基本分类。为了更详细地管理经济活动,需要对会计要素进行详细的分类。

会计科目是按照经济内容对各会计要素的具体内容进行分类核算的项目。请完成图 3-6 的填写。

图 3-6　会计对象的分类

示例如表 3-15 所示。

表 3-15　示例

会计对象	会计要素	会计科目
以银行存款购买 1 万元面粉,已入库	资产↑	原材料
	资产↓	银行存款

(二) 会计科目的分类

1. 按反映的经济内容分类

按反映的经济内容分类(即按其所归属的会计要素)的不同,通常可以划分为资产类科目、负债类科目、所有者权益类科目、成本类科目和损益类科目五大类科目。请完成图 3-7 的填写。

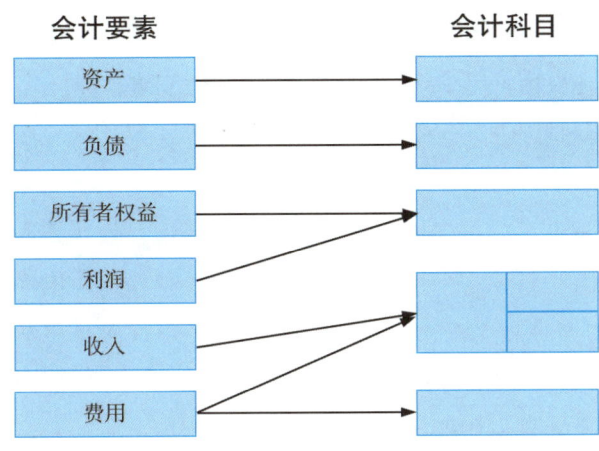

图 3-7　会计要素与会计科目

会计对象、会计要素与会计科目的对应关系如表 3-16 所示。

表 3-16　会计对象、会计要素与会计科目的对应关系

会计对象	会计要素分类	会计科目分类		
会计对象是指会计核算和监督的内容,即以货币表现的经济活动	资产	资产类		库存现金、银行存款等
	负债	负债类		短期借款、应付账款等
	所有者权益	所有者权益类		实收资本、资本公积等
	利润			
	收入	损益类	收入(益)	主营业务收入、其他业务收入、营业外收入等
	费用		费用(损)	主营业务成本、其他业务成本、管理费用等
		成本类		生产成本、制造费用等

2. 按提供信息的详细程度及其统驭关系分类

按提供信息的详细程度及其统驭关系,可以分为总分类科目和明细分类科目。

(1)总分类科目,又称总账科目或一级科目,是对会计要素的具体内容进行总括分类,提供总括信息的会计科目。

如:"原材料""应收账款"等科目。

(2)明细分类科目,又称明细科目,是对总分类科目作进一步分类,提供更为详细和具体会计信息的科目。

对于明细科目较多的总账科目,可在总分类科目与明细科目之间设置二级或多级科目。如"应收账款"科目按债务人名称或姓名设置明细科目,反映应收账款的具体对象如表 3-17 所示。

表 3-17　总分类科目与所属明细分类科目之间的关系

总分类科目	明细分类科目	
一级科目	二级科目	三级科目
应收账款	江苏省	无锡旺达公司
		苏州鑫发公司
	江西省	南昌东升公司
		鹰潭田野公司

常用的会计科目参照表如表 3-18 所示。

表 3-18　常用的会计科目参照表

编号	名称	编号	名称
	一、资产类		**二、负债类**
1001	库存现金	2001	短期借款
1002	银行存款	2201	应付票据
1012	其他货币资金	2202	应付账款
1101	交易性金融资产	2203	预收账款
1121	应收票据	2211	应付职工薪酬
1122	应收账款	2221	应交税费
1123	预付账款	2231	应付利息
1131	应收股利	2232	应付股利
1132	应收利息	2241	其他应付款
1221	其他应收款	2501	长期借款
1231	坏账准备	2502	应付债券
1401	材料采购	2701	长期应付款
1402	在途物资	2711	专项应付款
1403	原材料	2801	预计负债
1404	材料成本差异	2902	递延所得税负债
1405	库存商品		**三、共同类（略）**
1406	发出商品		**四、所有者权益类**
1407	商品进销差价	4001	实收资本
1408	委托加工物资	4002	资本公积
1471	存货跌价准备	4101	盈余公积
1501	持有至到期投资	4103	本年利润
1502	持有至到期投资减值准备	4104	利润分配
1503	可供出售金融资产		**五、成本类**
1511	长期股权投资	5001	生产成本
1512	长期股权投资减值准备	5101	制造费用
1521	投资性房地产	5201	劳务成本
1531	长期应收款	5301	研发支出
1601	固定资产		**六、损益类**
1602	累计折旧	6001	主营业务收入
1603	固定资产减值准备	6051	其他业务收入
1604	在建工程	6101	公允价值变动损益
1605	工程物资	6111	投资收益

第
三
章

（续表）

编号	名称	编号	名称
1606	固定资产清理	6301	营业外收入
1701	无形资产	6401	主营业务成本
1702	累计摊销	6402	其他业务成本
1703	无形资产减值准备	6403	税金及附加
1711	商誉	6601	销售费用
1801	长期待摊费用	6602	管理费用
1811	递延所得税资产	6603	财务费用
1901	待处理财产损溢	6701	资产减值损失
		6711	营业外支出
		6801	所得税费用
		6901	以前年度损益调整

【说明】具体会计科目将在会计科目解释及运用专题讲解。

(三) 会计账户

1. 账户的概念

账户是指根据会计科目设置的,具有一定格式和结构,用于分类反映会计要素增减变动情况及结果的载体。

2. 账户的结构

（1）账户的结构包括:账户的名称（即会计科目）、记录经济业务的日期、所依据记账凭证编号、经济业务摘要、增加和减少的金额、余额（包括期初余额和期末余额）。完成图3-8的填写。

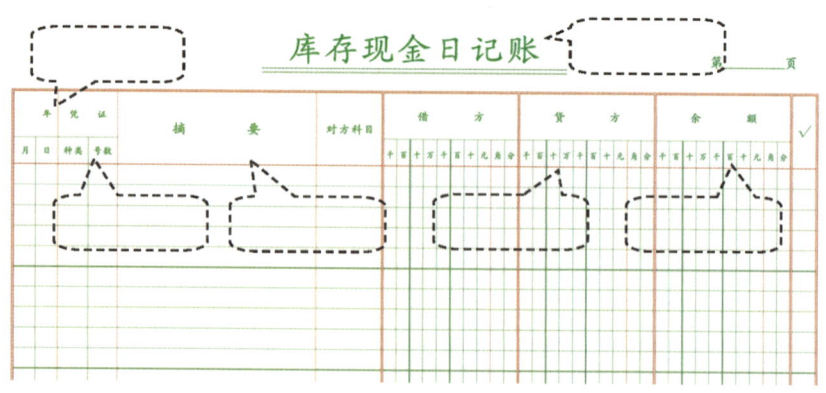

图3-8　账户结构

（2）账户分为左方、右方两个方向,一方登记增加,另一方登记减少。至于哪一方登记增加,哪一方登记减少,取决于所记录经济业务和账户的性质以及所采用的记账方法。完成图3-9的填写。

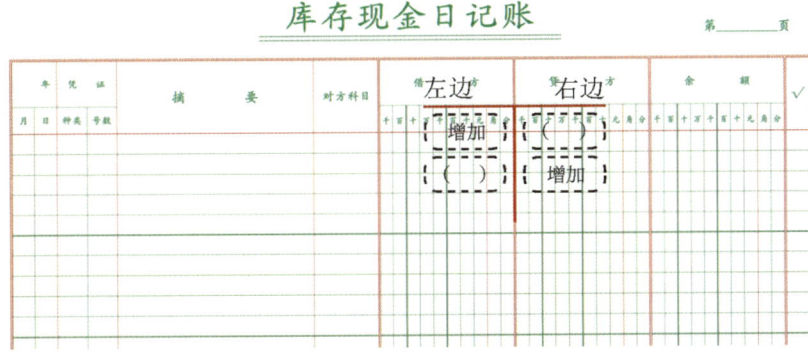

图3-9 账户增减方向

从账户名称、记录增加额和减少额的左右两方来看,账户结构在整体上类似于"丁"或"T", 所以账户的结构在实务中被形象地称为"丁"形账,"T"形账(图3-10)。

借方	账户名称	贷方

图3-10 "丁""T"形账

(3)账户的左右两方增减相抵后的差额,称为账户的余额,账户余额一般与增加额在同一方向(图3-11)。

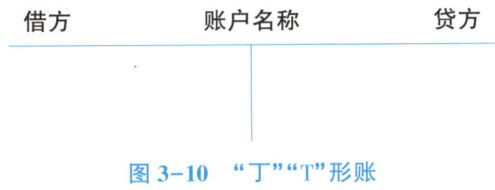

图3-11 账户余额

3. 会计账户的功能

会计账户的功能在于连续、系统、完整地提供企业经济活动中各会计要素增减变动及其结果的具体信息(图3-12)。

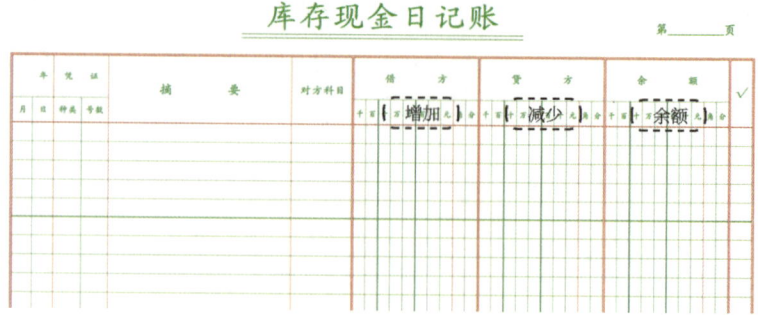

图 3-12　账户的功能

（1）会计要素在特定会计期间增加和减少的金额，分别称为账户的"本期增加发生额"和"本期减少发生额"，统称"本期发生额"（图 3-13）。

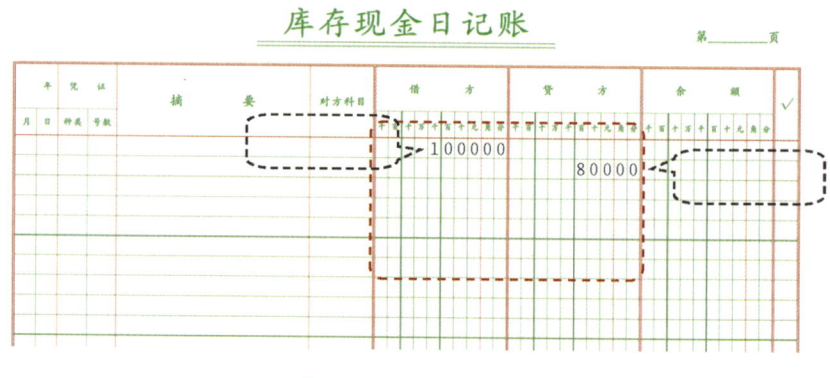

图 3-13　本期发生额

（2）会计要素在会计期末的增减变动的结果，称为"余额"。具体表现为"期初余额"和"期末余额"（图 3-14）。（本月期末余额就是下月期初余额）

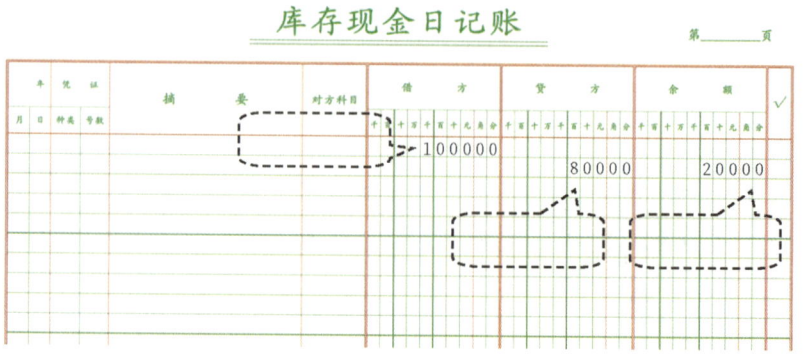

图 3-14　余额

（3）会计账户的金额要素。

① 金额要素:期初余额、本期增加额、本期减少额、期末余额。

② 性质:本期发生额是相对期间而言的,余额是相对于时点而言的。

③ 关系:期末余额＝期初余额＋本期增加发生额－本期减少发生额（图3-15）。

库存现金			
期初余额	30 000		
（1）	5 000	（2）	2 000
（3）	1 000	（4）	3 000
本期增加发生额合计	6 000	本期减少发生额合计	5 000
期末余额	31 000		

期末余额＝期初余额＋本期增加发生额－本期减少发生额

31 000　＝　30 000　＋　　6 000　　－　　　5 000

图3-15　金额计算

4. 会计科目与会计账户的关系

第一:会计科目只表明一项经济内容,无结构和格式,就和人名一样。

第二:会计账户是把会计科目写在账簿上,有名称,有结构和一定的格式。

第三:会计科目与账户都是对会计对象具体内容的分类,两者核算内容一致,性质相同。

第三节　记账方法

一、记账方法

经济业务发生后,会计应用什么方法把经济业务记录在记账凭证上,并登记在会计账簿上(图3-16)?

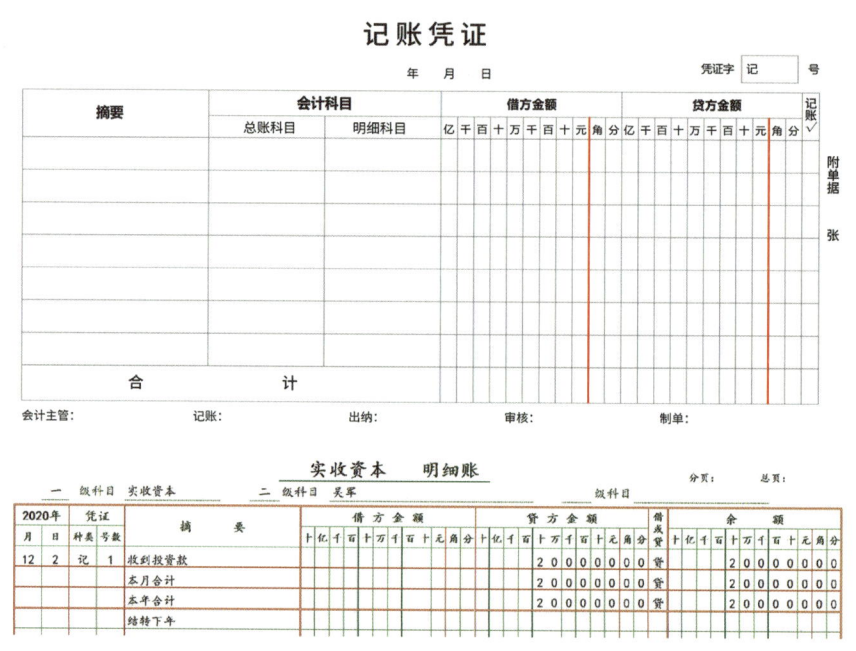

图3-16　记账凭证和会计账簿

(一)记账方法的概念及分类

记账方法是指根据一定的记账原理和规则,运用货币计量单位,利用文字和数字记录经济业务的一种专门方法。

记账方法按其记录经济业务方式的不同,可以分为单式记账法和复式记账法。

1.单式记账法

单式记账法是将有关经济业务引起的一个方面的变动在一个会计科目中进行单方面登记,而与此相关的另一方面不予反映的一种记账方法。

单式记账法一般只记录现金、银行存款的收付款业务以及债权债务等经济业务,而对于其他经济交易与事项则不予记录。

例如:企业用银行存款 10 000 元购买原材料(图 3-17)。

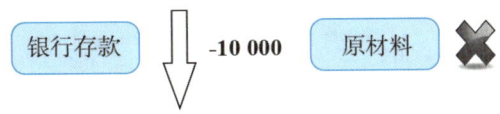

图 3-17 单式记账法示例

2. 复式记账法

1) 复式记账法的概念

复式记账法是以资产与权益平衡关系作为记账基础,对于每一笔经济业务,都要在两个或两个以上相互联系的账户中进行登记,系统地反映资金运动增减变化及其结果的一种记账方法。

第一:以"资产=负债+所有者权益"平衡关系作为记账基础。

第二:对于发生的每一项经济业务,都要在两个或两个以上相互联系的账户中同时登记。

第三:由于每项经济业务发生后,都要以相等的金额在有关账户中进行登记。任何一笔经济业务的发生,都要至少涉及两项或两项以上具体经济内容的增减变动,而且增减变动的金额是相等的。

例如:企业用银行存款 10 000 元购买原材料(图 3-18)。

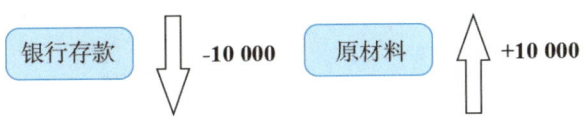

图 3-18 复式记账法示例

2) 复式记账法的分类

复式记账法根据记账符号的不同,可分为借贷记账法、收付记账法和增减记账法三种。

借贷记账法是世界各国普遍采用的一种复式记账方法,在我国 2006 年颁布的《企业会计准则——基本准则》中明确规定企业应当采用借贷记账法记账。

(二)借贷记账法

经济业务发生,在记账凭证、会计账簿上,以"借方""贷方"为记账符号,反映各会计要素增加、减少变化。完成图 3-19 的填写。

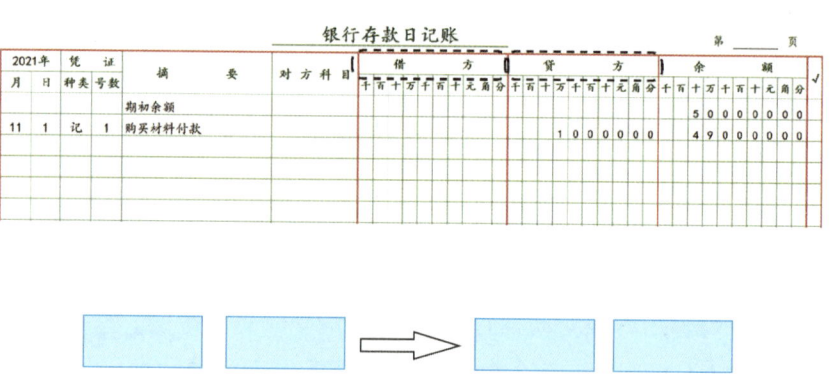

图 3-19　借贷记账法的增减变化

【实战导入】借贷记账法：江东东方食品有限公司通过银行转账方式购买原材料经济业务（图 3-20）。

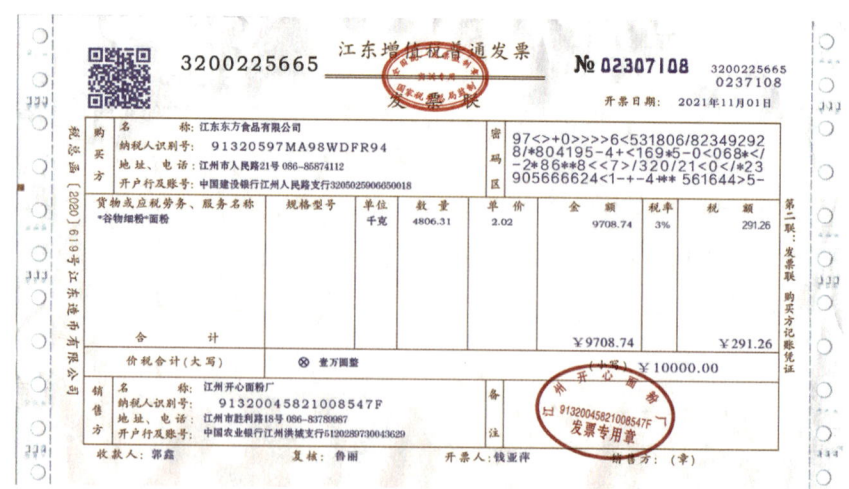

江东东方食品有限公司收料单

验收部门：仓库部　　　　　2021 年 11 月 01 日　　　No. 2012001

存货名称	规格	单位	数量	单价	金额	备注
面粉		kg	4806.31	2.08	10,000.00	
合　计					10,000.00	

第三联　财务联

采购经理：张洪　　　会计：吴霞　　　仓管：李庆　　　签收人：王小英

中国建设银行 China Construction Bank
中国建设银行单位客户专用回单

币别：人民币　　　　　2021年11月01日　　　流水号：320602145008000010

付款人	全　称	江东东方食品有限公司	收款人	全　称	江州开心面粉厂
	账　号	3205025906650018		账　号	5120289730043629
	开户行	中国建设银行江州人民路支行		开户行	中国农业银行江州洪城支行
金　额		（大写）人民币壹万圆整		（小写）￥10,000.00	
凭证种类		电子转账凭证	凭证号码		000206824812
结算方式		转账	用　途		货款

打印柜员：32066045001
打印机构：江州人民路支行
打印卡号：3205025906650018

贷方回单

打印时间：2021-11-01 11:07:40　　　交易柜员：320001450D36　　　交易机构：320001450

图 3-20　经济业务凭证

（1）借贷记账法下，编制记账凭证的实战演练。

第一步：根据审核无误的原始凭证编制记账凭证（图 3-21）。

第二步：整理粘贴记账凭证附件（角订法）。

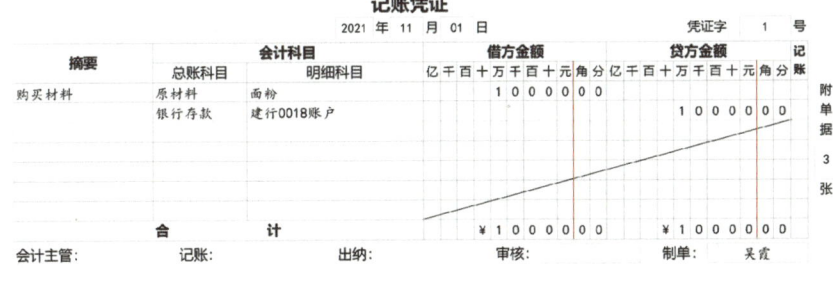

图 3-21　记账凭证

（2）借贷记账法下，登记会计账簿的实战演练。

第一步：根据审核无误的记账凭证登记原材料明细账（图 3-22）。

原材料 明细账

分页：____ 总页：____

编号名称 面粉 存放地点 ____ 寄存放地点 ____ 计量单位 ____ 规格 ____ 类别 ____

2021年 月	日	凭证字号	摘要	收入 数量	收入 单价	收入 金额（亿千百十万千百十元角分）	发出 数量	发出 单价	发出 金额（亿千百十万千百十元角分）	结存 数量	结存 单价	结存 金额（亿千百十万千百十元角分）
11	1	记1	购买材料	4806.31	2.08	1000000				4806.31	2.08	1000000

图 3-22 原材料明细账

第二步：根据审核无误的记账凭证登记银行存款日记账（图 3-23）。

银行存款日记账

第____页

2021年 月	日	凭证 种类	凭证 号数	摘要	对方科目	借方（千百十万千百十元角分）	贷方（千百十万千百十元角分）	余额（千百十万千百十元角分）	✓
				期初余额				50000000	
11	1	记	1	购买材料付款			1000000	49000000	

图 3-23 银行存款日记账

1. 借贷记账法的概念

借贷记账法是以“资产＝负债＋所有者权益”这一会计基本等式作为记账原理，以“借”和“贷”作为记账符号，反映各会计要素增减变化的信息的一种复式记账法。

2. 借贷记账法的记账符号

记账符号是指在会计核算中，用以指明记账方向，表示会计要素的增减变动情况的符号标记。

借贷记账法以“借”“贷”二字作为记账符号，用以指明应记入账户的方向，反应会计要素的增加、减少变化。

（1）借贷记账法的“借”“贷”是什么意思？

借贷记账法以“借”“贷”为记账符号。由历史演变至今，“借”“贷”只作为纯粹的记账符号运用，不是指谁借谁的钱，谁欠谁的钱，只是一种会计语言、会计符号，没有实际意义。

如数学中的“+”或“-”，形状中的符号★、■、●、▲。

+：加；-：减；★：五角形；■：正方形；●：圆形。

（2）我国《企业会计准则》中明确规定企业应当采用借贷记账法记账。采用“借贷记账法”，即记账凭证、会计账簿都要用“借”“贷”表示（图 3-24）。

第三章

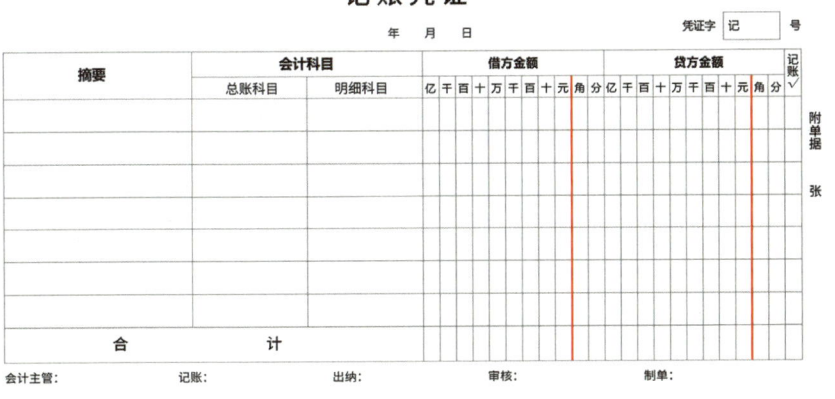

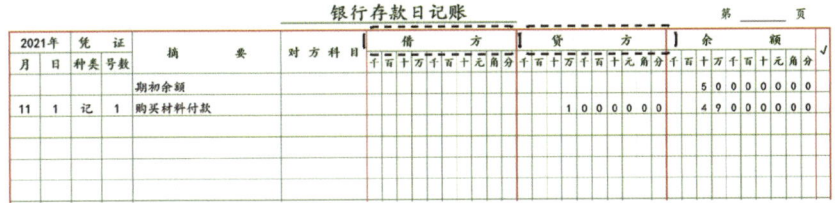

图 3-24 "借""贷"表示

在记账凭证、会计账簿上,用"借""贷"为记账符号来表示经济业务的"增加""减少"变化情况。

3.借贷记账法的账户结构

(1)借贷记账法下的账户,其左方一律称为借方,右方一律称为贷方(图3-25)。

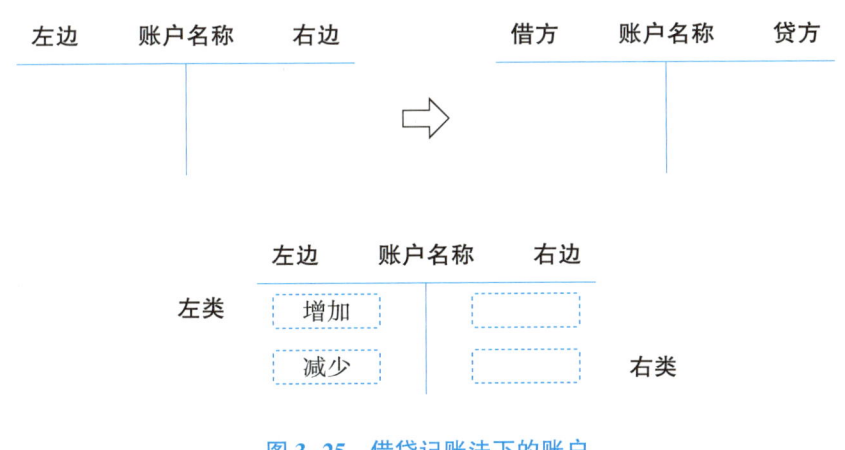

图 3-25 借贷记账法下的账户

"借方":既可以表示增加也可以表示减少。

"贷方":既可以表示增加也可以表示减少。

【备注】并非"借"就是增加,"贷"就是减少。

（2）在借贷记账法下,至于"借"表示增加,还是"贷"表示增加,则取决于账户性质与所记录经济内容的性质,也就是取决于属于哪一类账户——资产、负债、所有者权益、成本、损益(收入、费用)。

通常而言,资产、成本和费用类账户的增加用"借"表示,减少用"贷"表示;负债、所有者权益和收入类账户的增加用"贷"表示,减少用"借"表示。备抵账户的结构与所调整账户的结构正好相反。如表3-19所示。

表3-19　"借""贷"所表示增减的含义

账户类别	借	贷
资产类账户	+	−
资产类备抵账户	−	+
成本类账户	+	−
费用类账户	+	−
负债类账户	−	+
所有者权益类账户	−	+
收入类账户	−	+

第一种方法:利用"资金的来源与占用"来记忆"借""贷"所表示增减的含义。请完成图3-26的填写。

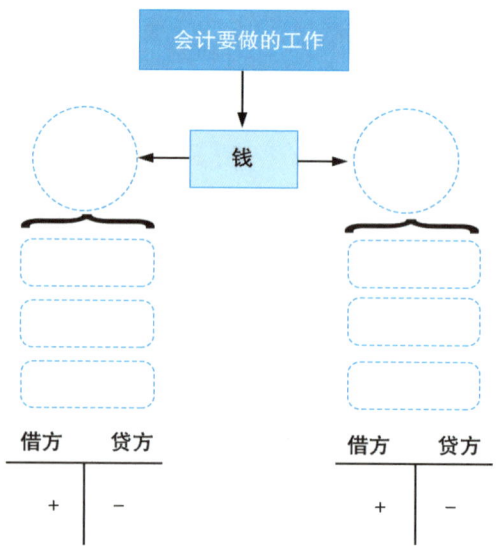

图3-26　会计要做的工作

第二种方法:利用会计等式的关系来记忆"借""贷"所表示增减的含义。请完成图 3-27 的填写。

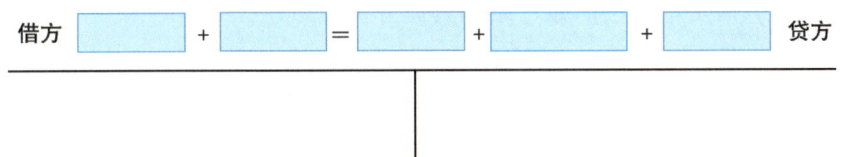

图 3-27　记忆技巧

【结论1】等号左边的资产、成本、费用类账户,其借方记增加,贷方记减少,如有余额一般在借方。

【结论2】等号右边的负债、所有者权益、收入类账户,其贷方记增加,借方记减少,如有余额一般在贷方。

【结论3】若账户有余额,余额方向与增加方向一致,损益类账户中收入、费用账户,月末结转后无余额。

【结论4】备抵账户的结构与所调整账户的结构相反,比如固定资产的备抵账户"累计折旧",虽然属于资产类账户,但是属于资产备抵账户,与资产类账户的结构相反,所以贷方表示增加,借方表示减少。

第三种方法:利用"双手定则法"来记忆"借""贷"所表示增减的含义(图 3-28)。

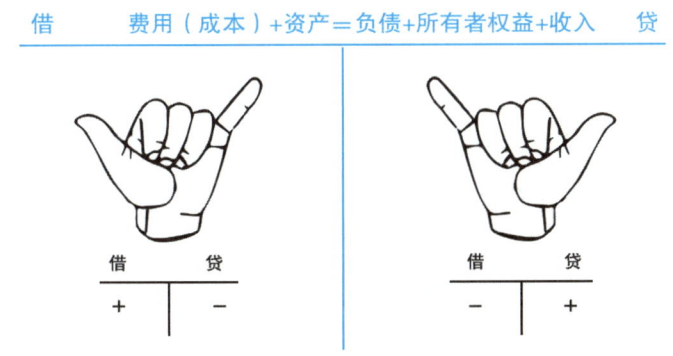

图 3-28　双手定则法

等号左边的费用、成本、资产类账户:账户的左边(借方)为"大拇指"指向的方向,大拇指大,表示增加,所以借方记增加;账户的右边(贷方)为"小拇指"指向的方向,小拇指小,表示减少,所以贷方记减少;如有余额,余额方向跟着增加走,一般在借方。

等号右边的负债、所有者权益、收入类账户:账户的右边(贷方)为

"大拇指"指向的方向,大拇指大,表示增加,所以贷方记增加;账户的左边(借方)为"小拇指"指向的方向,小拇指小,表示减少,所以借方记减少;如有余额,余额方向跟着增加走,一般在贷方。

(3)借贷记账法的账户结构具体分析。

第一类:资产和成本类账户结构。

规则:资产、成本类账户的增加记借方,减少记贷方,期初期末余额一般在借方(有些成本类账户可能无余额)(图3-29)。

公式:**期末借方余额=期初借方余额+本期借方发生额-本期贷方发生额**

借方		资产及成本类账户	贷方	
期初余额	×××			
本期增加额	×××	本期减少额	×××	
	×××		×××	
本期借方发生额	×××	本期贷方发生额	×××	
期末余额	×××			

借方		固定资产	贷方	
期初余额	10 000			
本期增加额	50 000	本期减少额	20 000	
本期借方发生额	50 000	本期贷方发生额	20 000	
期末余额	?			

期末借方余额=期初借方余额+本期借方发生额-本期贷方发生额

$$= 10\ 000 + 50\ 000 - 20\ 000 = 40\ 000$$

图3-29 计算示例

第二类:负债和所有者权益类账户结构。

规则:负债、所有者权益类账户的增加记贷方,减少记借方,期初期末余额一般在贷方(图3-30)。

公式:**期末贷方余额=期初贷方余额+本期贷方发生额-本期借方发生额**

借方	负债与所有者权益类账户		贷方
	期初余额		×××
本期减少额　　×××	本期增加额		×××
×××			×××
本期借方发生额　×××	本期贷方发生额		×××
	期末余额		×××

借方	应付账款		贷方
	期初余额		60 000
本期减少额　　10 000	本期增加额		20 000
本期借方发生额　10 000	本期贷方发生额		20 000
	期末余额		?

期末贷方余额＝期初贷方余额＋本期贷方发生额－本期借方发生额

＝ 60 000 ＋ 20 000 － 10 000＝ 70 000

图 3-30　计算示例

【说明】对于资产类中的备抵类账户也属于此结构。借方表示减少,贷方表示增加,余额一般在贷方(图 3-31)。

借方	资产类备抵账户		贷方
	期初余额		×××
本期减少额　　×××	本期增加额		×××
×××			×××
本期借方发生额　×××	本期贷方发生额		×××
	期末余额		×××

图 3-31　资产类备抵账户

资产类中的备抵账户"坏账准备""存货跌价准备""累计折旧""累计摊销"等,借方表示减少,贷方表示增加,余额一般在贷方(图 3-32)。

应收账款→坏账准备

原　材　料→存货跌价准备

固定资产→累计折旧

无形资产→累计摊销

借方		累计折旧		贷方
		期初余额		10 000
本期减少额	0	本期增加额		10 000
本期借方发生额	0	本期贷方发生额		10 000
		期末余额		?

期末贷方余额=期初贷方余额+本期贷方发生额−本期借方发生额
= 10000 + 10000 − 0 = 20000

图 3-32　资产类备抵账户示例

第三类：损益类——收入类账户结构。

企业的收入将导致企业利润的增加，最终将引起所有者权益的增加。由此可知收入类结构和所有者权益类是一致的。

规则：收入类账户的增加记贷方，减少记借方，期末结转后无余额。

本期收入净额在期末转入"本年利润"账户，用以计算当期损益，所以结转后无余额（图 3-33）。

借方		收入类账户		贷方
本期减少额	×××	本期增加额		×××
本期转出额	×××			×××
本期借方发生额	×××	本期贷方发生额		×××

图 3-33　收入类账户结构

第四类：损益类——费用类账户结构。

费用类的账户结构与成本、资产类基本相同。

规则：费用类账户的增加记借方，减少记贷方，期末结转后无余额本期费用净额在期末转入"本年利润"账户，用以计算当期损益，所以结转后无余额（图 3-34）。

借方	费用类账户		贷方
本期增加额	×××	本期减少额	×××
	×××	本期转出额	×××
本期借方发生额	×××	本期贷方发生额	×××

图3-34 费用类账户

总结如表3-20所示。

表3-20 借贷记账法各类账户结构

账户类别	借方	贷方	余额	计算公式
资产类账户	+	−	借方	期末余额=期初余额+本期借方发生额−本期贷方发生额
成本类账户	+	−	借方	
费用类账户	+	−	一般无余额	期末结转本年利润账户,结转后无余额
负债类账户	−	+	贷方	期末余额=期初余额+本期贷方发生额−本期借方发生额
所有者权益类账户	−	+	贷方	
收入类账户	−	+	一般无余额	期末结转本年利润账户,结转后无余额

【备注】备抵账户的结构与所调整账户的结构正好相反。

4. 借贷记账法的记账规则

借贷记账法的记账规则是"有借必有贷,借贷必相等"。对于每一笔经济业务,都要在两个或两个以上相互联系的会计科目中以借方和贷方相等的金额进行登记。

即:对于每一项经济业务事项,如果在一个会计科目登记借方,必须同时在与之对应的另一个或几个会计科目中登记贷方,反之亦然,并且登记借方、贷方的金额是相等的(图3-35)。

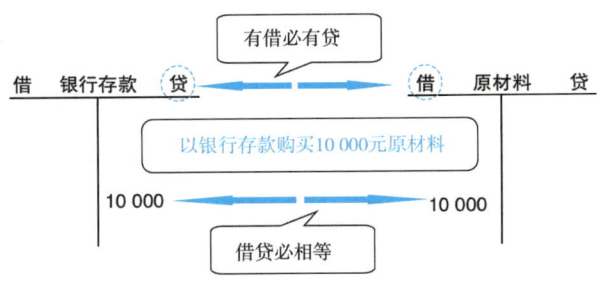

图3-35 借贷记账法记账规则示例

运用借贷记账法的记账规则登记经济业务时,一般按以下步骤进行:

首先,分析经济业务中所涉及的账户名称,并判断账户的性质。

其次,判断账户中所涉及的资金数量是增加还是减少。

最后,根据账户的结构确定记入账户的方向。

【例题1】接受外商李强投资300 000元,款项已经存入银行账户。该项经济业务在"T"形账户中的登记如图3-36所示。

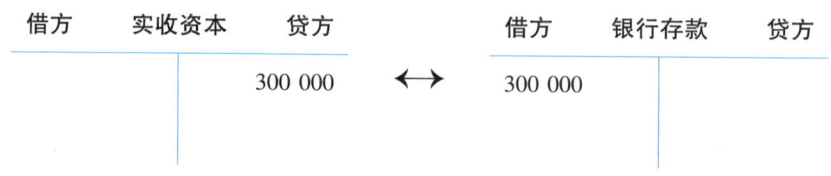

图3-36 "T"形账户中的登记

【例题2】以银行存款偿还所欠江州天华贸易有限公司货款6 000元。该项经济业务在"T"形账户中的登记如图3-37所示。

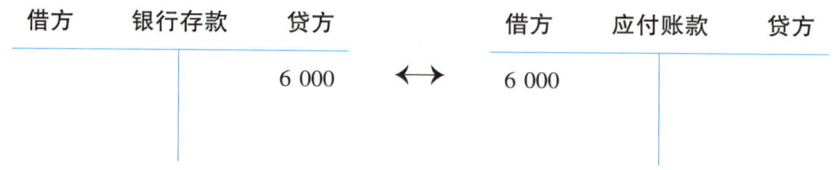

图3-37 "T"形账户中的登记

【例题3】向银行存款借入3个月期限的短期借款20 000元存入银行账户。该项经济业务在"T"形账户中的登记如图3-38所示。

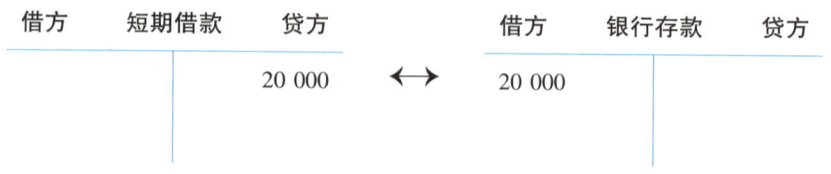

图3-38 "T"形账户中的登记

【例题4】从银行提取现金5 000元。这一经济事项使企业资产类账户"库存现金"增加5 000元,另一项资产类账户"银行存款"减少5 000元。该项经济业务在"T"形账户中的登记如图3-39所示。

图 3-39 "T"形账户中的登记

【例题 5】与债权人协商并经有关部门批准,将所欠债权人的 100 000 元债务转为资本(债权人对企业的投资)。该项经济业务在"T"形账户中的登记如图 3-40 所示。

图 3-40 "T"形账户中的登记

总结如图 3-41 所示。

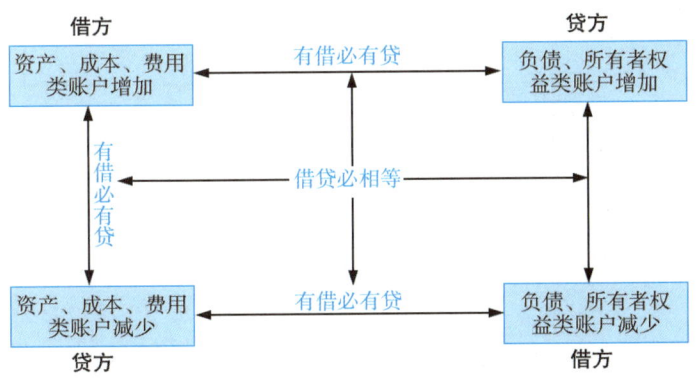

图 3-41 有借必有贷、借贷必相等

5. 借贷记账法的会计分录

1)概念

会计分录是指对某经济业务事项标明其应借应贷会计科目及其金额的记录,简称分录。

2)内容

(1)账户名称,即会计科目。

(2)记账方向的符号,即借方或贷方。

（3）记录的金额。

示例如图 3-42 所示。

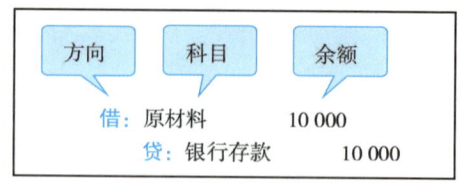

图 3-42 示例

3）格式

（1）写借方科目,后写贷方科目,借贷要分行书写,借贷方合计金额要相等。

（2）贷方的文字和数字都要比借方后退两格书写。

（3）在一借多贷或一贷多借和多借多贷的情况下,借方或贷方的文字、金额要对齐。

示例如图 3-43 所示。

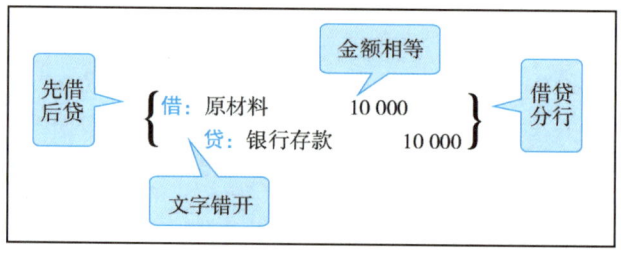

图 3-43 示例

4）分类

会计分录按所涉及的账户多少可以分为:简单会计分录和复合会计分录。

简单会计分录是指只涉及一个账户借方和另一个账户贷方的会计分录,即一借一贷的会计分录。

复合会计分录是指由两个以上(不含两个)对应账户组成的会计分录,即一借多贷、多借一贷或多借多贷的会计分录。

5）会计分录编制方法(五步法)

定科目:确定经济业务发生涉及哪些科目。

找类别:分析所涉及的科目属于哪类账户结构。

定方向:确定所涉及的科目增加、减少情况和应记借贷方向。

定金额:确定借贷方金额。

做分录:检查会计科目、借贷方向、金额是否正确,并做出正确会计分录。

【五步法例题 1】以银行存款购买 10 000 元原材料。

第一步:定科目 原材料 银行存款

第二步:找类别 资产类 资产类

第三步:定方向 ↑借 ↓贷

第四步:定金额 10 000 10 000

第五步:做分录 借:原材料 10 000

　　　　　　　　贷:银行存款 10 000

【五步法例题 2】从银行提取现金 10 000 元。

第一步:定科目

第二步:找类别

第三步:定方向

第四步:定金额

第五步:做分录

【五步法例题 3】收到股东投资款 100 000 元,存入银行。

第一步:定科目

第二步:找类别

第三步:定方向

第四步:定金额

第五步:做分录

【五步法例题 4】购买机器设备一台价值 100 000 元,款项尚未支付。

第一步:定科目

第二步:找类别

第三步:定方向

第四步:定金额

第五步:做分录

【五步法例题 5】通过银行转账支付前欠货款 100 000 元。

第一步:定科目

第二步:找类别

第三步:定方向

第四步:定金额

第五步:做分录

第三章

【会计分录例题 1】江东领学食品有限公司 12 月发生如下经济业务,请用五步法编制相关会计分录(表 3-21 至表 3-29)。

业务 1:从银行取得 6 个月期借款 1 万元,存入公司银行存款账户。

表 3-21　答题表

业务 1:会计分录
定科目:
找类别:
定方向:
定金额:
做分录:

业务分析	资产		=	负债		+	所有者权益	
	借	贷		借	贷		借	贷
业务 1								
等式影响								
记账规则								

业务 2:用银行存款归还所欠江州开心面粉厂的货款 5 万元。

表 3-22　答题表

业务 2:会计分录
定科目:
找类别:
定方向:
定金额:
做分录:

业务分析	资产		=	负债		+	所有者权益	
	借	贷		借	贷		借	贷
业务 2								
等式影响								
记账规则								

业务 3：收到股东吴军追加的投资 10 万元,款项存入银行。

表 3-23　答题表

业务 3：会计分录							
定科目：							
找类别：							
定方向：							
定金额：							
做分录：							
业务分析	资产		=	负债		+	所有者权益	
业务分析	借	贷		借	贷		借	贷
业务 3								
等式影响								
记账规则								

业务 4：因公司缩小规模减少注册资本 20 万元,以银行转账方式,归还股东吴军。

表 3-24　答题表

业务 4：会计分录							
定科目：							
找类别：							
定方向：							
定金额：							
做分录：							
业务分析	资产		=	负债		+	所有者权益	
业务分析	借	贷		借	贷		借	贷
业务 4								
等式影响								
记账规则								

业务 5：从银行提取现金 1 万元。

表 3-25　答题表

业务5：会计分录
定科目： 找类别： 定方向： 定金额： 做分录：

业务分析	资产		=	负债		+	所有者权益	
	借	贷		借	贷		借	贷
业务 5								
等式影响								
记账规则								

业务 6：向银行借入短期借款 4 万元直接用于归还前欠江州市阳光面粉厂的货款。

表 3-26　答题表

业务6：会计分录
定科目： 找类别： 定方向： 定金额： 做分录：

业务分析	资产		=	负债		+	所有者权益	
	借	贷		借	贷		借	贷
业务 6								
等式影响								
记账规则								

业务 7：经批准同意以资本公积 5 万元转增实收资本。

表 3-27　答题表

业务 7:会计分录							
定科目： 找类别： 定方向： 定金额： 做分录：							
业务分析	资产		=	负债		+	所有者权益	
	借	贷		借	贷		借	贷
业务 7								
等式影响								
记账规则								

业务 8：经研究决定,企业向投资者宣告分配现金股利 2 万元。

表 3-28　答题表

业务 8:会计分录							
定科目： 找类别： 定方向： 定金额： 做分录：							
业务分析	资产		=	负债		+	所有者权益	
	借	贷		借	贷		借	贷
业务 8								
等式影响								
记账规则								

第三章

业务 9: 经与债权人协商,将所欠江州市智慧食品有限公司 5 万元,转作其对本企业的投资。

表 3-29 答题表

业务 9:会计分录
定科目:
找类别:
定方向:
定金额:
做分录:

业务分析	资产		=	负债		+	所有者权益	
	借	贷		借	贷		借	贷
业务 9								
等式影响								
记账规则								

【会计分录例题 2】甲企业发生的经济业务如下,请编制相关会计分录(表 3-30 至表 3-39)(假设不考虑增值税)。

(1) 收到投资者投入的原材料,价值 30 000 元。

表 3-30 答题表

定科目	找类别	定方向	定金额	做分录

(2) 向银行借入 2 年期的借款 50 000 元,已存入银行。

表 3-31 答题表

定科目	找类别	定方向	定金额	做分录

（3）以银行存款 20 000 元,归还银行短期借款。

表 3-32 答题表

定科目	找类别	定方向	定金额	做分录

（4）购进设备一台,以银行存款 10 000 元支付。

表 3-33 答题表

定科目	找类别	定方向	定金额	做分录

（5）购进材料一批价值 5 000 元,已入库,款未付。

表 3-34 答题表

定科目	找类别	定方向	定金额	做分录

（6）生产部门生产产品领用材料一批,实际成本 5 000 元。

表 3-35 答题表

定科目	找类别	定方向	定金额	做分录

（7）销售商品实现收入 6 000 元,款项现金收讫。

表 3-36 答题表

定科目	找类别	定方向	定金额	做分录

（8）用现金支付管理费用 3 000 元。

表 3-37 答题表

定科目	找类别	定方向	定金额	做分录

（9）以银行存款缴纳上月已经计提的企业所得税 1 800 元。

表 3-38　答题表

定科目	找类别	定方向	定金额	做分录

（10）收到 A 公司前欠货款 40 000 元，款项已存入银行。

表 3-39　答题表

定科目	找类别	定方向	定金额	做分录

【会计分录例题 3】甲企业发生的经济业务如下，请编制相关会计分录（表 3-40 至表 3-49）（假设不考虑增值税）。

（1）接受投资者投资，存入银行 100 000 元。

表 3-40　答题表

定科目	找类别	定方向	定金额	做分录

（2）从银行提取现金 2 000 元。

表 3-41　答题表

定科目	找类别	定方向	定金额	做分录

（3）购入材料 5 000 元，材料已入库、货款未付。

表 3-42　答题表

定科目	找类别	定方向	定金额	做分录

（4）购入材料 19 000 元，材料已入库，料款部分用银行存款支付 9 000 元，其余暂欠。

表 3-43 答题表

定科目	找类别	定方向	定金额	做分录

（5）用银行存款支付应付账款 5 000 元。

表 3-44 答题表

定科目	找类别	定方向	定金额	做分录

（6）收回应收账款 8 000 元,存入银行。

表 3-45 答题表

定科目	找类别	定方向	定金额	做分录

（7）生产车间生产产品领用材料 10 000 元。

表 3-46 答题表

定科目	找类别	定方向	定金额	做分录

（8）从银行借入短期借款 20 000 元。

表 3-47 答题表

定科目	找类别	定方向	定金额	做分录

（9）销售商品实现收入 2 000 元,款项现金收讫。

表 3-48 答题表

定科目	找类别	定方向	定金额	做分录

（10）用现金支付管理费用 1 000 元。

表 3-49　答题表

定科目	找类别	定方向	定金额	做分录

6.借贷记账法的试算平衡

1）概念

试算平衡是指根据"资产＝负债+所有者权益"的恒等关系,以及借贷记账法的记账规则,检查和验证所有会计科目记录是否正确的一种方法。

2）分类

试算平衡的方法包括发生额试算平衡法和余额试算平衡法两种。

第一类:发生额试算平衡法:

（1）公式:

全部账户本期借方发生额合计＝全部账户本期贷方发生额合计

（2）依据:

发生额试算平衡法依据是根据"有借必有贷,借贷必相等"的记账规则。

因为每笔经济业务的记录都遵循"有借必有贷,借贷必相等"的记账规则,那么全部账户本期发生额借方合计一定等于全部账户的贷方发生额合计（表 3-50）。

表 3-50　账户本期发生额试算平衡表

账户名称	借方发生额	贷方发生额
合　　计		

第二类:余额试算平衡法:

（1）公式:**借余＝贷余**

全部账户的借方期初余额合计＝全部账户的贷方期初余额合计

全部账户的借方期末余额合计＝全部账户的贷方期末余额合计

（2）依据:

根据"资产＝负债+所有者权益"的会计等式,运用借贷记账法在会计科目中记录经济业务的结果,各项资产余额的合计与负债及所有者权益的合计数必然会相等。

账户借方余额表明其资产性质,账户贷方余额表明其负债、所有者权益性质(表3-51)。

表 3-51　账户余额试算平衡表

账户名称	借方余额	贷方余额
合　　计		

3）试算平衡表编制方法

试算平衡表中一般应设置"期初余额""本期发生额"和"期末余额"三大栏目,其下分设"借方"和"贷方"两个小栏(表3-52)。

各大栏中的借方合计与贷方合计应该平衡相等,否则,便存在记账错误。

表 3-52　试算平衡表

年　月　日

单位:元

账户名称	期初余额		本期发生额		期末余额	
	借方	贷方	借方	贷方	借方	贷方
合　　计						

(1)试算平衡表的编制步骤:

第一步:编制会计分录 →（编制记账凭证）

第二步:登记"T"形账 →（登记会计账簿）

第三步:编制试算平衡表 →（编制试算平衡表）

(2)试算平衡表编制案例分析:

【例题1】江东领学食品公司,2020年1月1日,会计账户期初余额如表3-53所示。

表 3-53　账户余额试算平衡表

2020 年 1 月 1 日

账户名称	期初借方余额	账户名称	期初贷方余额
库存现金	10 000	短期借款	30 000
银行存款	200 000	实收资本	200 000
原材料	20 000		
合　　计	230 000	合　　计	230 000

2020年1月份,发生如下经济业务,请编制会计分录及试算平衡表。

业务1:从银行提取现金10 000元。

业务2:用银行存款20 000元购买原材料,材料已经验收入库。

业务3:开户银行将其借给本企业的短期借款10 000元,转作对企业的投资。

业务4:投资者吴军向企业追加投资50 000元作为注册资本。

第一步:根据以上业务,编制相关会计分录(实际工作编制记账凭证)。

业务1	业务2

业务3	业务4

第二步:先根据期初余额登记总分类账("T"形账)的期初余额;然后根据上述会计分录(记账凭证)登记总分类账("T"形账)的本期发生额;最后在期末结算出各总分类账("T"形账)的期末余额(图3-44)。

借方	库存现金	贷方
期初余额		
本期借方发生额合计	本期贷方发生额合计	
期末余额		

借方	银行存款	贷方
期初余额		
本期借方发生额合计	本期贷方发生额合计	
期末余额		

借方	原材料	贷方
期初余额		
本期借方发生额合计	本期贷方发生额合计	
期末余额		

借方	短期借款	贷方
	期初余额	
本期借方发生额合计	本期贷方发生额合计	
	期末余额	

借方	实收资本	贷方
	期初余额	
本期借方发生额合计	本期贷方发生额合计	
	期末余额	

图 3-44　"T"形账

第三步:根据各总分类账("T"形账)的期初余额、本期发生额和期末余额编制总分类账户试算平衡表(表 3-54)进行试算平衡。

表 3-54　总分类账户试算平衡表

账户名称	期初余额		本期发生额		期末余额	
	借方	贷方	借方	贷方	借方	贷方
库存现金						
银行存款						
原材料						
短期借款						
实收资本						
合　　计						

【课后练习题】江东领学食品公司,2020 年 12 月 1 日,会计账户期初余额如表 3-55 所示。

表 3-55　账户余额试算平衡表

账户名称	期初借方余额	账户名称	期初贷方余额
库存现金	7 000	短期借款	53 000
银行存款	20 000	应付账款	25 000
原材料	81 000	实收资本	100 000
固定资产	70 000		
合　　计	**178 000**	合　　计	**178 000**

2020 年 12 月份,发生如下经济业务,请编制会计分录及试算平衡表。

(1) 购买材料 6 000 元(假定不考虑增值税因素)已验收入库,款未付。

(2) 收到投资者按投资合同交来的资本金 30 000 元,已存入银行。

(3) 从银行提取现金 2 000 元作为备用。

(4) 向银行借入 6 个月期限的短期借款 40 000 元。

(5) 用银行存款 10 000 元购买不需安装的机器设备一台(假定不考虑增值税因素),设备已交付使用。

第一步:根据以上业务,编制相关会计分录(实际工作编制记账凭证)。

业务 1

业务 2

业务 3

业务 4

业务 5

第二步:先根据期初余额登记总分类账("T"形账)的期初余额;然后根据上述会计分录(记账凭证)登记总分类账("T"形账)的本期发生额;最后在期末结算出各总分类账("T"形账)的期末余额(图3-45)。

借方	库存现金	贷方
期初余额		
本期借方发生额合计	本期贷方发生额合计	
期末余额		

借方	银行存款	贷方
期初余额		
本期借方发生额合计	本期贷方发生额合计	
期末余额		

借方	原材料	贷方
期初余额		
本期借方发生额合计	本期贷方发生额合计	
期末余额		

借方	固定资产	贷方
期初余额		
本期借方发生额合计	本期贷方发生额合计	
期末余额		

借方	短期借款	贷方
	期初余额	
本期借方发生额合计	本期贷方发生额合计	
	期末余额	

第三章

借方	应付账款	贷方
	期初余额	
本期借方发生额合计	本期贷方发生额合计	
	期末余额	

借方	实收资本	贷方
	期初余额	
本期借方发生额合计	本期贷方发生额合计	
	期末余额	

图 3-45 "T"形账

第三步:根据各总分类账("T"形账)的期初余额、本期发生额和期末余额编制总分类账户试算平衡表(表 3-56)进行试算平衡。

表 3-56 总分类账户试算平衡表

账户名称	期初余额		本期发生额		期末余额	
	借方	贷方	借方	贷方	借方	贷方
库存现金						
银行存款						
原材料						
固定资产						
应付账款						
短期借款						
实收资本						
合　　计						

4)试算平衡表的注意事项

(1)必须保证所有会计科目的发生额及余额均已记入试算平衡表。

(2)如果试算借贷不平衡,肯定会计科目记录有错误,应认真查找,直到实现平衡为止。

(3)如果试算平衡了,并不能说明会计科目记录绝对正确,因为有些错误并不会影响借贷双方的平衡关系。

第一种情况:漏记某项经济业务,将使本期借贷双方的发生额发生等额减少,借贷仍然平衡。

第二种情况:重记某项经济业务,将使本期借贷双方的发生额发生等额虚增,借贷仍然平衡。

第三种情况:某项经济业务记错有关账户,借贷仍然平衡。

第四种情况:某项经济业务在账户记录中,颠倒了记账方向,借贷仍然平衡。

第五种情况:借方或贷方发生额中,偶然发生多记少记并相互抵销,借贷仍然平衡等。

第四章　企业主要经济业务账务处理

第一节　企业的主要经济业务

一、企业的主要经济业务

不同企业的经济业务各有特点,其生产经营业务流程也不尽相同,本处主要介绍企业的资金筹集、设备购置、材料采购、产品生产、商品销售和利润分配等经济业务。经济业务流程如图4-1所示。

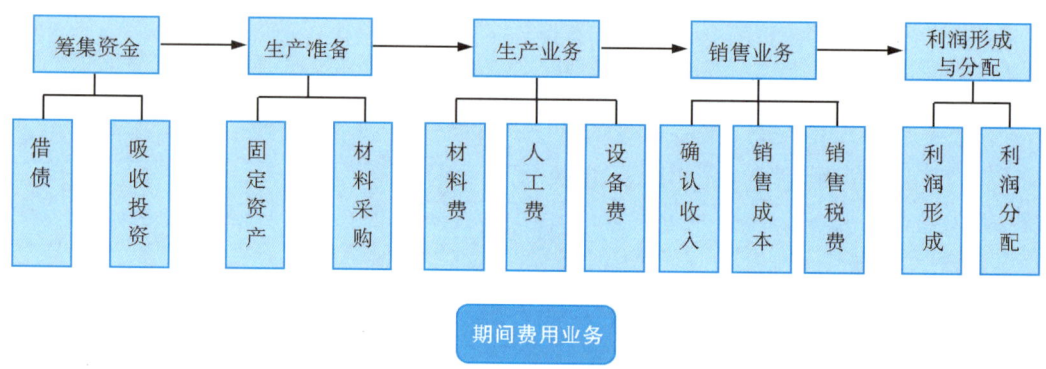

图4-1　经济业务流程

针对企业生产经营过程中发生的上述经济业务,账务处理的主要内容有:

(1)资金筹集业务的账务处理。

(2)采购付款业务的账务处理。

(3)生产加工业务的账务处理。

(4)销售收款业务的账务处理。

(5)期间费用的账务处理。

(6)税费的账务处理。

(7)利润形成与分配业务的账务处理。

第二节 资金筹集业务的账务处理

企业的资金筹集业务按其资金来源通常分为所有者权益筹资和负债筹资。所有者权益筹资形成所有者的权益(通常被称为权益资本),包括投资者的投资及其增资,这部分资本的所有者既享有企业的经营收益,又承担企业的经营风险;负债筹资形成债权人的权益(通常称为债务资本),主要包括企业向债权人借入的资金和结算形成的负债资金等,这部分资本的所有者享有按约收回本金和利息的权利。

一、所有者权益筹资业务

所有者投入的资本主要包括实收资本(或股本)和资本公积。实收资本(或股本)是指企业的投资者按照企业章程、合同或协议的约定,实际投入企业的资本资金及按照有关规定由资本公积、盈余公积等转增资本的资金。资本公积是企业收到投资者投入的超出其在企业注册资本(或股本)中所占份额的投资,以及直接计入所有者权益的利得和损失等。资本公积作为企业所有者权益的重要组成部分,主要用于转增资本。

1. 账户设置

企业通常设置以下账户对所有者权益筹资业务进行核算:

(1)"银行存款"账户。

(2)"实收资本(或股本)"账户。

(3)"资本公积"账户。

2. 常见经济业务账务处理模型(表4-1)

表4-1 常见经济业务账务处理模型

接受货币资产投资	借:银行存款 　　贷:实收资本	【例题1】12月1日,陈俊出资100万元设立甲公司,公司已如数收到陈俊投资的款项。编制如下会计分录: 借:银行存款　　　　　　　　1 000 000 　　贷:实收资本——陈俊　　　　　　1 000 000
接受非货币资产投资	借:固定资产/原材料/无形资产等 　　贷:实收资本	【例题2】12月15日,陈锋以厂房投资甲公司,双方约定的公允价值为100万元(假设不产生溢价),不考虑其他因素,编制如下会计分录: 借:固定资产——厂房　　　　1 000 000 　　贷:实收资本——陈锋　　　　　　1 000 000

(续表)

接受投资超过其注册资本	借:银行存款/固定资产/无形资产/原材料等 　贷:实收资本 　　　资本公积——资本溢价	【例题3】12月20日,甲公司接受丁公司一项价值120万元专利权投资,经协商一致,甲公司的注册资本增加到300万元,丁公司占甲公司30%的股份,丁公司向甲公司移交了专利证书等凭证,有关出资及变更手续登记完毕。编制如下会计分录: 借:无形资产　　　　　　　　　1 200 000 　贷:实收资本——丁公司　　　　　　900 000 　　　资本公积——资本溢价　　　　300 000

3. 实收资本账务处理流程(图4-2)

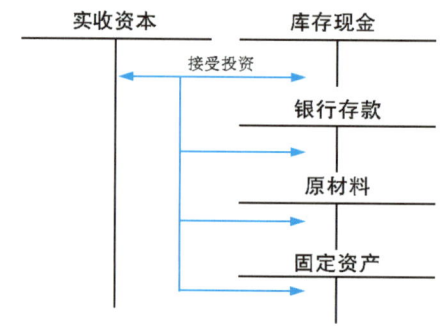

图4-2　实收资本账务处理流程

4. 实务操作

【实务情景1】

★经济业务涉及的原始凭证(附件1张,银行收款回单)(图4-3)

图4-3　经济业务涉及的原始凭证

★经济业务描述 2020 年 12 月 2 日,收到股东吴军投资款 200 000 元,存入银行。

★账务处理分析(表4-2)

表 4-2　账务处理分析

定科目	银行存款	实收资本
找类别	资产类	所有者权益类
定方向	↑借	↑贷
定金额	200 000	200 000
做分录	借:银行存款——建行 0018 账户　　　　　　　　　　　200 000 　贷:实收资本——吴军　　　　　　　　　　　　　　　　200 000	

★记账凭证填制(图4-4)

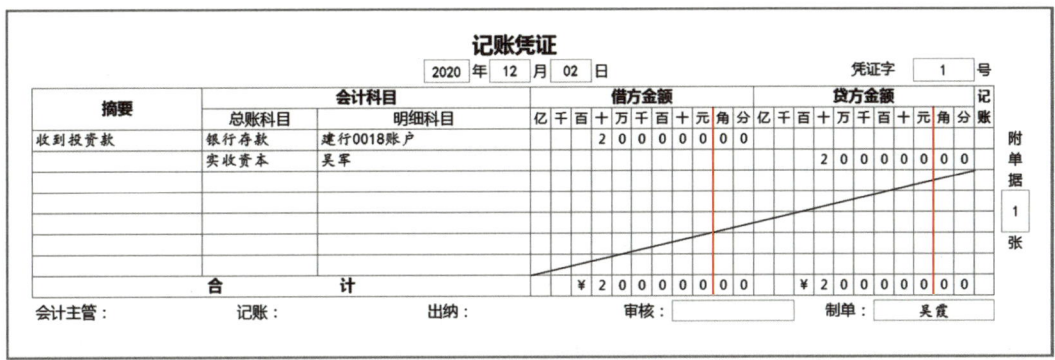

图 4-4　记账凭证填制

二、负债筹资业务

负债筹资主要包括短期借款、长期借款以及结算形成的负债等。短期借款是指企业为了满足其生产经营对资金的临时性需要而向银行或其他金融机构等借入的偿还期限在一年以内(含一年)的各种借款。长期借款是指企业向银行或其他金融机构等借入的偿还期限在一年以上(不含一年)的各种借款。结算形成的负债主要有应付账款、应付职工薪酬、应交税费等。

1. 账户设置

企业通常设置以下账户对负债筹资业务进行会计核算:

(1)"短期借款"账户。

(2)"长期借款"账户。

(3)"应付利息"账户。

(4)"财务费用"账户。

2. 常见经济业务账务处理模型(表4-3)

表4-3 常见经济业务账务处理模型

取得借款	借:银行存款 　贷:短期借款	【例题4】10月1日,甲公司向银行借入一笔生产经营用短期借款,共计200 000元,期限为3个月,年利率为6%。编制如下会计分录: 借:银行存款　　　　　　　　　　200 000 　贷:短期借款　　　　　　　　　　　　200 000
计提利息	借:财务费用 　贷:应付利息	【例题5】承【例题4】10月31日,甲公司按月计提利息,则每月应付利息为:200 000×6%÷12=1 000(元)。编制如下会计分录: 借:财务费用　　　　　　　　　　　1 000 　贷:应付利息　　　　　　　　　　　　1 000
支付及计提本月利息	借:应付利息 　　财务费用 　贷:银行存款	【例题6】承【例题5】12月31日,甲公司支付10月和11月份已经计提借款利息2 000元(1 000+1 000)和12月份的利息1 000元。编制如下会计分录: 借:应付利息　　　　　　　　　　　2 000 　　财务费用　　　　　　　　　　　1 000 　贷:银行存款　　　　　　　　　　　　3 000
偿还借款	借:短期借款 　贷:银行存款	【例题7】承【例题6】12月31日,甲公司归还借款本金时,编制如下会计分录: 借:短期借款　　　　　　　　　　200 000 　贷:银行存款　　　　　　　　　　　　200 000
直接支付利息(不预提利息)	借:财务费用 　贷:银行存款	【例题8】12月31日,甲公司支付利息费用3 000元。编制如下会计分录: 借:财务费用　　　　　　　　　　　3 000 　贷:银行存款　　　　　　　　　　　　3 000
		【注】如果利息不预提,采取直接支付的方式,可以一次性计入财务费用

3. 短期借款账务处理流程(图4-5)

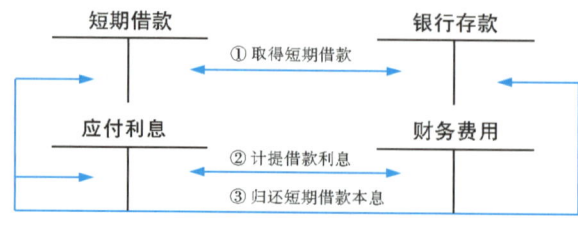

图4-5 短期借款账务处理流程

4. 实务操作

【实务情景 2】

★经济业务涉及的原始凭证(附件 1 张,银行借款借据)(图 4-6)

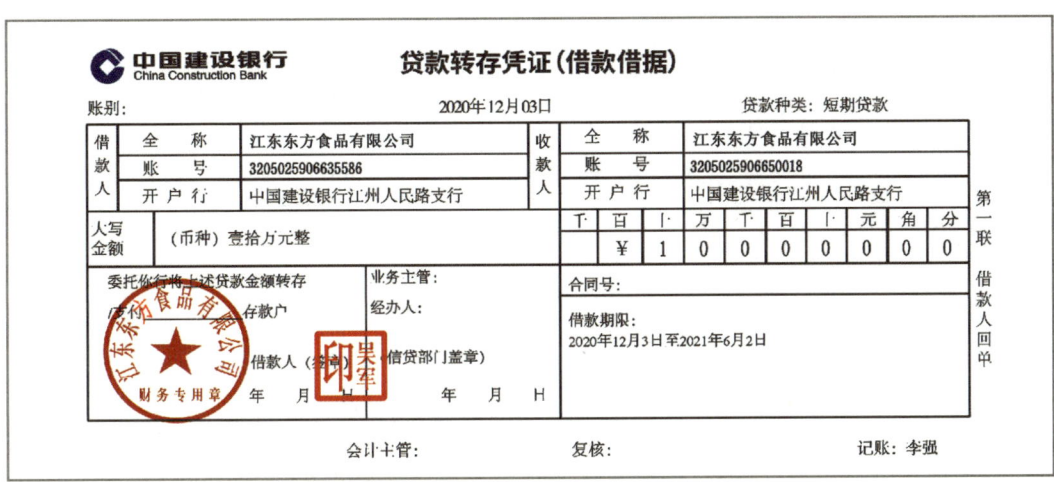

图 4-6 经济业务涉及的原始凭证

★经济业务描述 2020 年 12 月 3 日,向建设银行借入为期 6 个月的流动资金周转贷款 100 000 元。

★账务处理分析(表 4-4)

表 4-4 账务处理分析

定科目	银行存款	短期借款
找类别	资产类	负债类
定方向	↑借	↑贷
定金额	100 000	100 000
做分录	借:银行存款——建行 0018 账户	100 000
	贷:短期借款——建行江州支行 12 月份贷款	100 000

★记账凭证填制(图 4-7)

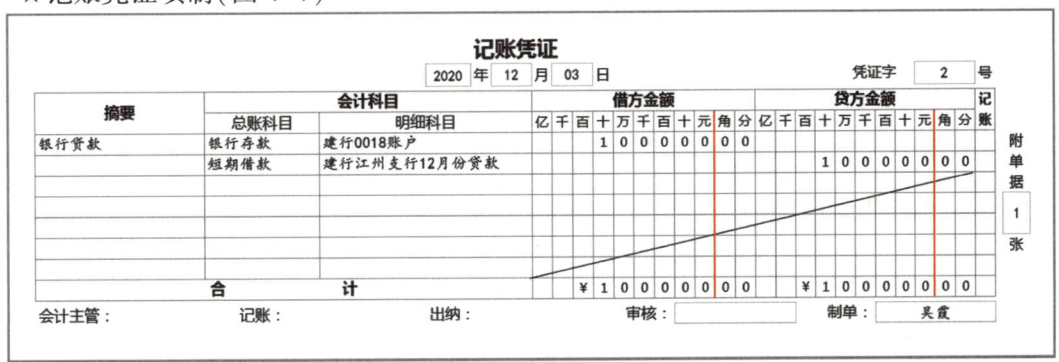

图 4-7 记账凭证填制

第四章

第三节　采购业务的账务处理

企业的采购主要分两个方面的核算,一方面是对材料的采购,比如原材料、商品的采购;另一方面是对于大型资产的采购,比如房屋、设备的采购,属于固定资产采购。两者都是采购核算的重点,需要我们予以重视。

一、材料采购

材料的采购成本是指企业物资从采购到入库前所发生的全部合理的、必要的支出,包括购买价款、相关税费、运输费、装卸费、保险费及其他可归属于采购成本的费用。

在实务中,企业也可以先将发生的运输费、装卸费、保险费及其他可归属于采购成本的费用等进行归集,期末按照所购材料的存销情况进行分摊。

1. 账户设置

企业通常设置以下账户对采购业务进行会计核算:

(1)"原材料"账户。

(2)"在途物资"账户。

(3)"应付账款"账户。

(4)"应付票据"账户。

(5)"预付账款"账户。

2. 常见经济业务账务处理模型(表 4-5)

表 4-5　常见经济业务账务处理模型

原材料已验收入库	借:原材料 　　应交税费——应交增值税 　　（进项税额） 贷:银行存款/应付账款/应付票据	【例题 9】12 月 8 日,甲公司从乙公司购入 A 材料一批,增值税专用发票上注明的货款为 60 000 元,增值税为 7 800 元,货款用银行转账支票付讫,材料已经验收入库。编制如下会计分录: 借:原材料——A 材料　　　　60 000 　　应交税费——应交增值税(进项税额) 　　　　　　　　　　　　　　7 800 　　贷:银行存款　　　　　　　67 800

（续表）

| 原材料尚未验收入库 | 采购材料
借:在途物资
应交税费——应交增值税（进项税额）
贷:银行存款/应付账款/应付票据等

验收入库
借:原材料
贷:在途物资 | 【例题10】12月10日,甲公司采用汇兑结算方式从丙公司购入B材料一批,增值税专用发票上注明的货款为10 000元,增值税为1 300元,全部款项已支付,材料尚未到达。财务部门应编制如下会计分录:
借:在途物资——B材料　　　　　10 000
应交税费——应交增值税（进项税额）
　　　　　　　　　　　　　　 1 300
贷:银行存款　　　　　　　　　11 300

【例题11】承【例题10】12月15日,该企业购入的B材料已收到,并验收入库。编制如下会计分录:
借:原材料——B材料　　　　　　10 000
贷:在途物资——B材料　　　　 10 000 |

3.采购材料账务处理流程(图4-8)

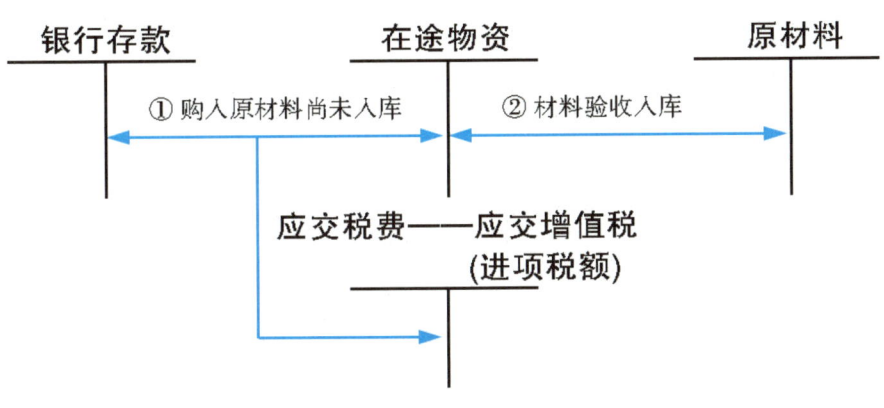

图4-8　采购材料账务处理流程

4.实务操作

【实务情景3】

★经济业务涉及的原始凭证[附件2张,增值税专用发票(发票联)、收料单](图4-9)

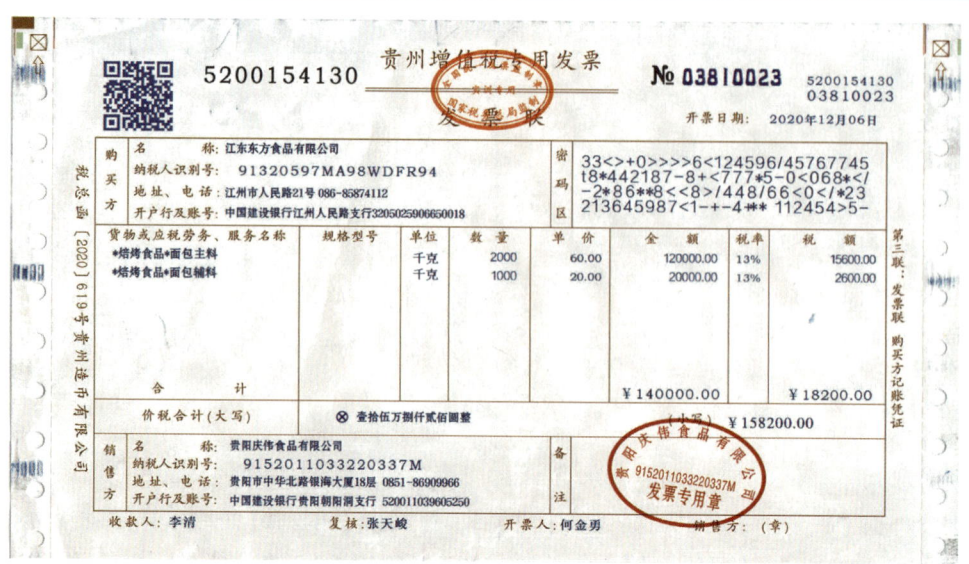

图4-9 经济业务涉及的原始凭证

★经济业务描述

2020年12月6日,从一般纳税人贵阳庆伟食品有限公司购入面包主料2 000千克,每千克60元,计120 000元,增值税15 600元;面包辅料1 000千克,每千克20元,计20 000元,增值税2 600元;材料已验收入库,款项尚未支付。

★账务处理分析(表4-6)

表4-6 账务处理分析

定科目	原材料	应交税费	应付账款
找类别	资产类	负债类	负债类
定方向	↑借	↓借	↑贷
定金额	140 000	18 200	158 200

（续表）

做分录	借:原材料——面包主料	120 000
	——面包辅料	20 000
	应交税费——应交增值税(进项税额)	18 200
	贷:应付账款——贵阳庆伟食品有限公司	158 200

★记账凭证填制(图4-10)

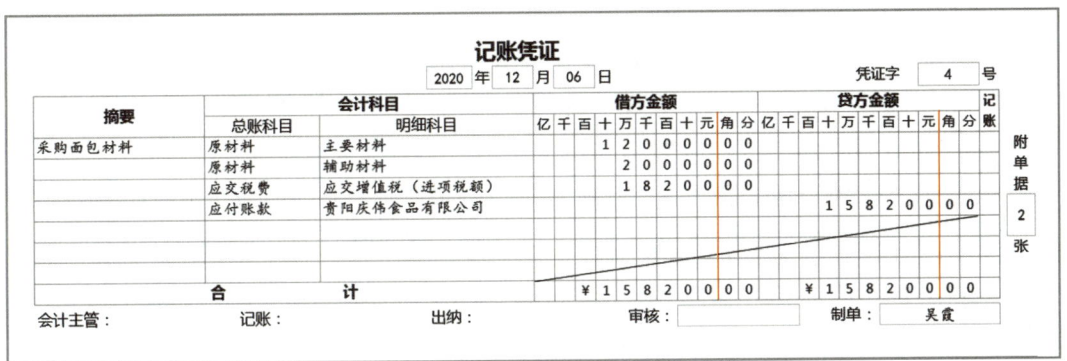

图4-10　记账凭证填制

二、购置固定资产

1. 固定资产的概念

固定资产是指为生产商品、提供劳务、出租或者经营管理而持有、使用寿命超过一个会计年度的有形资产。

2. 固定资产的特征

固定资产同时具有以下特征:

(1)固定资产是有形资产。固定资产具有实物特征,这一特征将固定资产与无形资产区别开来。有些无形资产可能同时符合固定资产的其他特征,如无形资产为生产商品、提供劳务而持有的,使用寿命超过一个会计年度,但因其没有实物形态,所以不属于固定资产。

(2)为生产商品、提供劳务、出租或者经营管理而持有。企业持有固定资产的目的是生产商品、提供劳务、出租或者经营管理,而不是直接用于出售。

(3)使用寿命超过一个会计年度。固定资产使用寿命超过一个会计年度,表明固定资产属于非流动资产,随着使用和磨损,通过计提折旧方式逐渐减少账面价值。

3. 固定资产的成本

固定资产的成本是指企业购建某项固定资产达到预定可使用状态前所发生的一切合理、必要的支出。

企业可以通过外购、自行建造、投资者投入、非货币性资产交换、债务重组、企业合并和融资租赁等方式取得固定资产。

外购固定资产的成本,包括购买价款、相关税费、使固定资产达到预定可使用状态前所发生的可归属于该项资产的运输费、装卸费、安装费和专业人员服务费。其中,相关税费不包括可抵扣的进项税额。

4. 固定资产的折旧

1)固定资产折旧的定义

固定资产折旧是指在固定资产使用寿命内,按照确定的方法对应计折旧额进行的系统分摊。其中,应计折旧额是指应当计提折旧的固定资产的原价扣除其预计净残值后的金额。已计提减值准备的固定资产,还应当扣除已计提的固定资产减值准备累计金额。

预计净残值是指假定固定资产的预计使用寿命已满并处于使用寿命终了时的预期状态,企业目前从该项资产的处置中获得的扣除预计处置费用后的金额。预计净残值率是指固定资产预计净残值占其原价的比率。企业应当根据固定资产的性质和使用情况,合理确定固定资产的预计净残值。预计净残值一经确定,不得随意变更。

影响折旧的因素主要有以下几个方面:固定资产原价、预计净残值、固定资产减值准备、固定资产的使用寿命。

2)折旧的范围和时间(表4-7)

表4-7 折旧的范围和时间

时间范围	当月增加的固定资产,当月不计提折旧,从下月起计提折旧; 当月减少的固定资产,当月仍计提折旧,从下月起不计提折旧; 提前报废的固定资产,不再计提折旧
空间范围	企业应当按月对所有的固定资产计提折旧,以下情形除外: (1)已提足折旧仍继续使用的固定资产; (2)单独计价入账的土地; (3)持有待售的固定资产

3)折旧方法(年限平均法)

此处主要讲解年限平均法。年限平均法,又称直线法,是指将固定资产的应计折旧额均匀地分摊到固定资产预计使用寿命内的一种方法,各月应计提折旧额的计算公式如下:

$$月折旧额 = 固定资产原值 \times 月折旧率$$

其中:月折旧率 = 年折旧率 ÷ 12。

$$年折旧率 = \frac{1 - 预计净残值率}{预计使用寿命(年)}$$

5. 账户设置

企业通常设置以下账户对固定资产业务进行会计核算：

(1)"在建工程"账户。

(2)"工程物资"账户。

(3)"固定资产"账户。

(4)"累计折旧"账户。

6. 常见经济业务账务处理模型(表4-8)

表4-8　常见经济业务账务处理模型

外购不需要安装的固定资产	借:固定资产 　应交税费——应交增值税 　(进项税额) 贷:银行存款/应付账款/应付票据等	【例题12】12月28日,甲公司购入一台不需要安装的车床,取得增值税专用发票上注明设备买价为500 000元,增值税为65 000元,款项均已用银行存款支付。编制如下会计分录: 借:固定资产　　　　　　　　500 000 　应交税费——应交增值税(进项税额) 　　　　　　　　　　　　　65 000 　　贷:银行存款　　　　　　　565 000
外购需要安装的固定资产	支付设备价款、增值税时: 借:在建工程 　应交税费——应交增值税 　(进项税额) 贷:银行存款 支付安装费时: 借:在建工程 　贷:银行存款 安装完毕,达到预定可使用状态时: 借:固定资产 　贷:在建工程	【例题13】甲公司购入一台需要安装的机电设备,取得增值税专用发票上注明的设备价款为800 000元,增值税为104 000元。另支付安装费6 000元,所有款项已通过银行存款支付。编制如下会计分录: 支付设备价款、增值税时: 借:在建工程　　　　　　　　800 000 　应交税费——应交增值税(进项税额) 　　　　　　　　　　　　　104 000 　　贷:银行存款　　　　　　　904 000 支付安装费时: 借:在建工程　　　　　　　　　6 000 　　贷:银行存款　　　　　　　　6 000 设备安装完毕达到预定可使用状态时: 借:固定资产　　　　　　　　806 000 　　贷:在建工程　　　　　　　806 000

（续表）

计提固定资产折旧	借:制造费用(生产车间使用) 　　管理费用(管理部门使用、未使用) 　　销售费用(销售部门使用) 　　其他业务成本(经营租出) 贷:累计折旧	【例题14】12月28日,甲公司计提本月固定资产折旧共30 000元,其中:车间固定资产折旧15 000元,行政管理部门固定资产折旧10 000元,出租设备折旧3 000元,销售部门设备折旧2 000元。编制如下会计分录: 借:制造费用　　　　　　　　15 000 　　管理费用　　　　　　　　10 000 　　其他业务成本　　　　　　 3 000 　　销售费用　　　　　　　　 2 000 　　贷:累计折旧　　　　　　　　　　30 000

7.账务处理流程

(1)取得固定资产的账务处理流程(图4-11)。

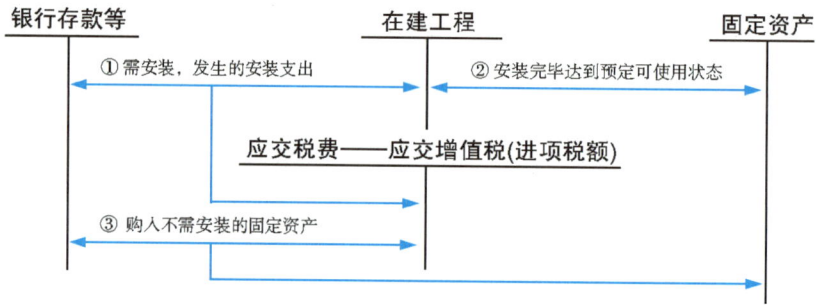

图4-11　取得固定资产的账务处理流程

(2)固定资产计提折旧的账务处理流程(图4-12)。

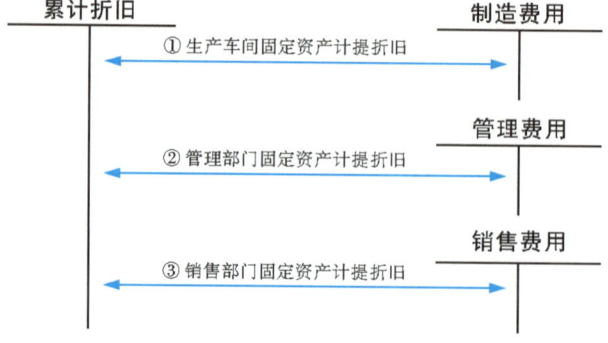

图4-12　固定资产计提折旧的账务处理流程

8.实务操作

【实务情景4】

★经济业务涉及的原始凭证[附件3张,增值税专用发票(发票联)、固定资产验收入库单、银行付款回单](图4-13)。

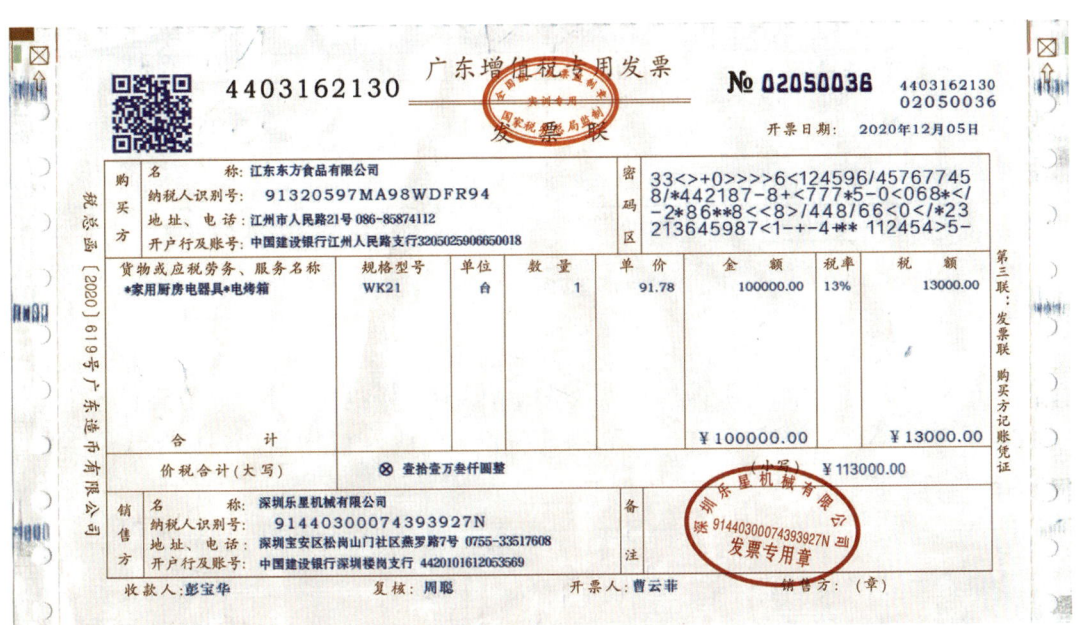

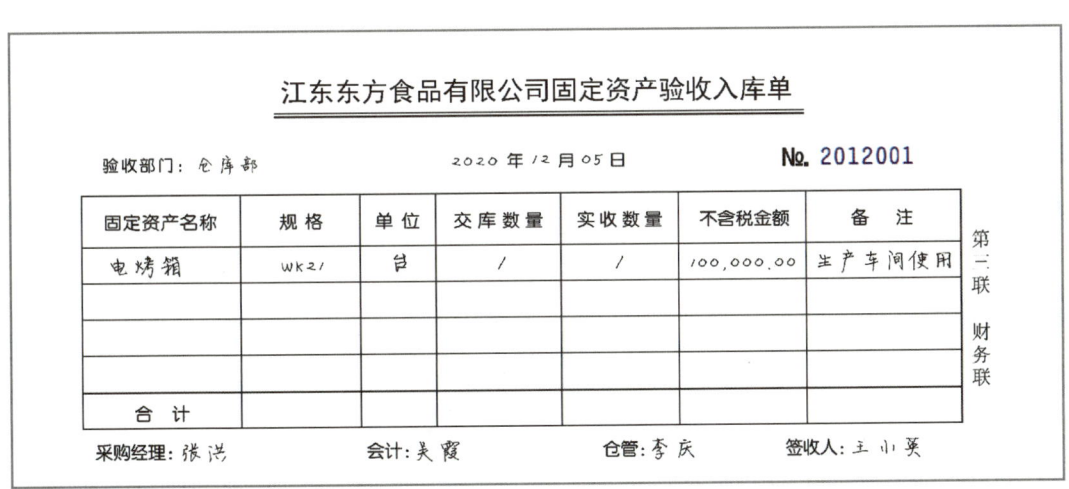

图 4-13　经济业务涉及的原始凭证

★经济业务描述

2020 年 12 月 5 日,从一般纳税人深圳乐星机械有限公司购入不需要安装的 WK21 型电烤箱一台,价款 100 000 元,增值税 13 000 元,固定资产已验收入库,款项以银行存款支付。

★账务处理分析(表 4-9)

表 4-9　账务处理分析

定科目	固定资产	应交税费	银行存款
找类别	资产类	负债类	资产类
定方向	↑借	↓借	↓贷
定金额	100 000	13 000	113 000
做分录	借:固定资产——其他设备　　　　　100 000 　　应交税费——应交增值税(进项税额)　　13 000 　贷:银行存款—— 建行 0018 账户　　　　　　113 000		

★记账凭证填制(图 4-14)

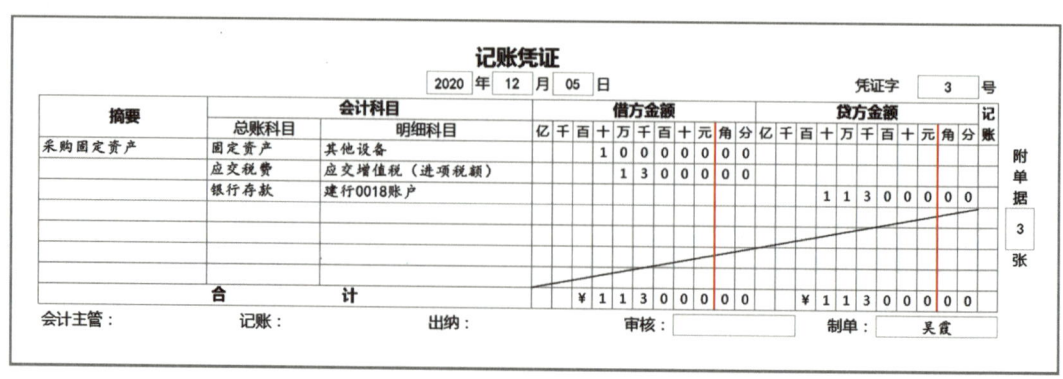

图 4-14　记账凭证填制

【实务情景5】

★经济业务涉及的原始凭证(附件1张,固定资产折旧计提表)(图4-15)

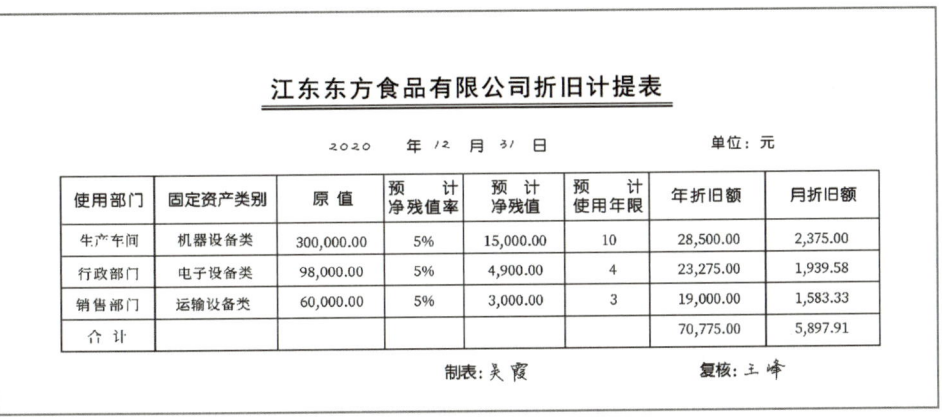

图4-15　经济业务涉及的原始凭证

★经济业务描述

2020年12月31日,按规定计提本月固定资产折旧共5 897.91元,其中:生产车间固定资产折旧2 375.00元,公司行政管理固定资产折旧1 939.58元,销售部门固定资产折旧1 583.33元。

★账务处理分析(表4-10)

表4-10　账务处理分析

定科目	制造费用	管理费用	销售费用	累计折旧
找类别	成本类	损益类(费用)	损益类(费用)	资产类(备抵)
定方向	↑借	↑借	↑借	↑贷
定金额	2 375.00	1 939.58	1 583.33	5 897.91
做分录	借:制造费用——折旧费　　　　　　　　　　　　　　　　2 375.00 　　　管理费用——折旧费　　　　　　　　　　　　　　　1 939.58 　　　销售费用——折旧费　　　　　　　　　　　　　　　1 583.33 　　贷:累计折旧　　　　　　　　　　　　　　　　　　　　　5 897.91			

★记账凭证填制(图4-16)

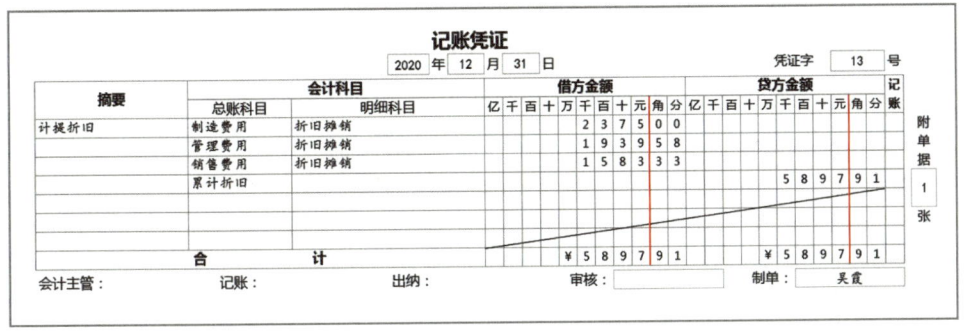

图4-16　记账凭证填制

第四节　生产加工业务的账务处理

企业产品的生产过程同时也是生产资料的耗费过程。企业在生产过程中发生的各项生产费用,是企业为获得收入而预先垫支并需要得到补偿的资金耗费。这些费用最终都要归集、分配给特定的产品,形成产品的成本。

产品成本的核算是指把一定时期内企业生产过程中所发生的费用,按其性质和发生地点,分类归集、汇总、核算,计算出该时期内生产费用发生总额,并按适当方法分别计算出各种产品的实际成本和单位成本等。

一、生产费用的构成

生产费用是指与企业日常生产经营活动有关的费用,按其经济用途可分为直接材料、直接人工和制造费用。

1.直接材料
直接材料是指构成产品实体的原材料及有助于产品形成的主要材料和辅助材料。

2.直接人工
直接人工是指直接从事产品生产人员的薪酬。

3.制造费用
制造费用是指企业为生产产品和提供劳务而发生的各项间接费用,包括生产部门(如车间)发生的水电费、办公费、固定资产折旧、无形资产摊销、管理人员的薪酬、劳动保护费、国家规定的有关环保费用、季节性和修理期间的停工损失等。

二、生产加工业务的具体账务处理

1.账户设置
企业通常设置以下账户对生产费用业务进行会计核算:
(1)"生产成本"账户。
(2)"库存商品"账户。
(3)"制造费用"账户。
(4)"应付职工薪酬"账户。

2. 常见经济业务账务处理模型（表 4-11）

表 4-11　常见经济业务账务处理模型

材料领用	借：生产成本（生产车间生产产品） 　　制造费用（车间管理部门一般消耗） 　　管理费用（行政管理部门耗用） 　　销售费用（销售部门耗用） 　　其他业务成本（销售部门销售） 　　在建工程（工程领用） 　贷：原材料	【例题 15】甲公司发料凭证汇总表中列示，生产 A 产品领用甲材料 300 000 元，生产 B 产品领用甲材料 200 000 元，车间领用乙材料 70 000 元，管理部门领用乙材料 10 000 元。应编制会计分录如下： 借：生产成本——A 产品（直接材料）300 000 　　　　　　　——B 产品（直接材料）200 000 　　制造费用——料消耗　　　　　70 000 　　管理费用——物料消耗　　　　10 000 　贷：原材料——甲材料　　　　　　　500 000 　　　　　　——乙材料　　　　　　　 80 000
职工薪酬的计提和发放	职工薪酬的计提 借：生产成本（生产工人工资） 　　制造费用（车间管理人员工资） 　　管理费用（行政人员工资） 　　销售费用（销售人员工资） 　贷：应付职工薪酬——工资 职工薪酬的发放 借：应付职工薪酬 　贷：银行存款等	【例题 16】乙公司本月应付职工薪酬总额为 462 000 元，工资费用分配汇总表中列示生产工人的工资为 320 000 元，其中生产 A 产品工人的工资为 200 000 元，生产 B 产品工人的工资为 120 000 元，车间管理人员的工资为 70 000 元，企业行政管理人员工资为 60 400 元，销售人员工资为 11 600 元。乙公司的会计分录如下： 借：生产成本——A 产品（直接人工）200 000 　　　　　　　——B 产品（直接人工）120 000 　　制造费用——职工薪酬　　　　70 000 　　管理费用——职工薪酬　　　　60 400 　　销售费用——职工薪酬　　　　11 600 　贷：应付职工薪酬——职工工资　　　462 000 【例题 17】承【例题 16】乙公司用银行存款支付应付职工薪酬 462 000 元，会计分录如下： 借：应付职工薪酬——职工工资　462 000 　贷：银行存款　　　　　　　　　　462 000

（续表）

制造费用的归集与分配	归集 借：制造费用 　贷：累计折旧 　　　应付职工薪酬 　　　银行存款等 分配 借：生产成本 　贷：制造费用	【例题18】2021年2月28日，甲公司计提本月固定资产折旧共42 000元，其中生产车间折旧28 000元，行政管理部门折旧11 000元，专设销售机构折旧3 000元。应编制会计分录如下： 借：制造费用——折旧费　　28 000 　　管理费用——折旧费　　11 000 　　销售费用——折旧费　　3 000 　　　贷：累计折旧　　　　　　　　42 000 【例题19】2021年2月28日，甲公司以银行存款支付生产车间水电费800元。应编制会计分录如下： 借：制造费用——水电费　　800 　　　贷：银行存款　　　　　　　　800 【例题20】甲公司生产车间归集的本月制造费用总额为168 800元，该车间本月实际完成生产工人工时50 000小时。其中A产品30 000小时，B产品20 000小时。采用生产工人工时比例法分配制造费用。编制会计分录如下： 制造费用分配率＝168 800÷（30 000＋20 000）＝3.376 A产品应负担的制造费用＝30 000×3.376＝101 280（元） B产品应负担的制造费用＝20 000×3.376＝67 520（元） 借：生产成本——A产品　　101 280 　　　　　　——B产品　　67 520 　　　贷：制造费用——机物料消耗　　70 000 　　　　　　　　——职工薪酬　　70 000 　　　　　　　　——折旧费　　28 000 　　　　　　　　——水电费　　800
完工产品生产成本的计算与结转	完工产品成本的计算公式完工产品生产成本＝期初在产品成本＋本期发生的生产费用－期末在产品成本 借：库存商品 　贷：生产成本	【例题21】甲公司只生产一种A产品，期末A产品全部完工，完工产量为5 000件，为生产A产品归集的材料成本为300 000元，人工成本为200 000元，制造费用为101 280元。 A产品单位产品成本＝完工产品总成本÷产品产量＝601 280÷5 000≈120.26（元/件） 期末，应编制的会计分录如下： 借：库存商品——A产品　　601 280 　　　贷：生产成本——A产品　　601 280

3.账务处理流程

(1)生产经营领用原材料的账务处理流程(图4-17)。

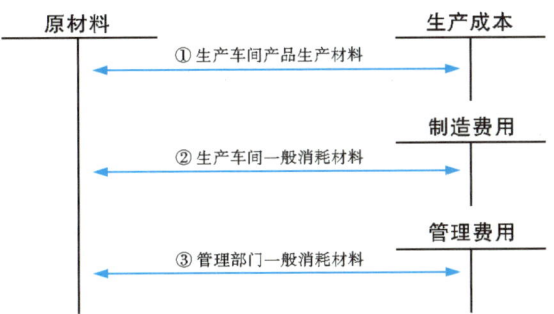

图4-17 生产经营领用原材料的账务处理流程

(2)应付职工薪酬的账务处理流程(图4-18)。

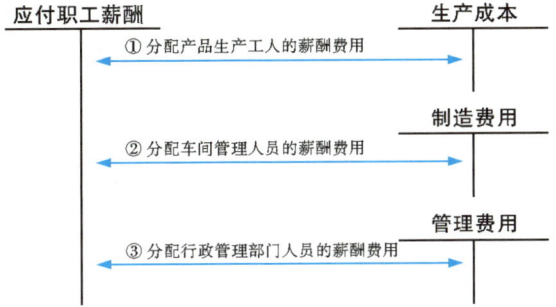

图4-18 应付职工薪酬的账务处理流程

(3)制造费用的账务处理流程(图4-19)。

图4-19 制造费用的账务处理流程

(4)完工产品入库的账务处理流程(图4-20)。

图4-20 完工产品入库的账务处理流程

4.实务操作

【实务情景6】

★经济业务涉及的原始凭证(附件10张,领料单、发料凭证汇总表等)(图4-21)

江东东方食品有限公司领料单

领料部门:销售部　　领料用途:　　　　2020年12月16日　**№. 2012005**

存货名称	规格	单位	请领数量	实发数量	单价	金额
面包纸盒		袋	100	100	15.00	1,500.00
合计						1,500.00

领料部门负责人:廖岩　　会计:吴霞　　发料人:夏细玲　　领料人:毛蓉

第二联　财务联

江东东方食品有限公司领料单

领料部门:行政管理部　领料用途:　　　　2020年12月16日　**№. 2012004**

存货名称	规格	单位	请领数量	实发数量	单价	金额
面包纸盒		袋	200	200	15.00	3,000.00
合计						3,000.00

领料部门负责人:戴勇　　会计:吴霞　　发料人:夏细玲　　领料人:宋小菊

第三联　财务联

江东东方食品有限公司发料凭证汇总表

2020年12月16日　　　　　　　　　　　单位:元

车间、部门		面包主料			面包辅料			面包纸盒			合计
		数量	单价	金额	数量	单价	金额	数量	单价	金额	
生产车间	生产花式面包	4000	60	240,000.00	2800	20	56,000.00	1000	15	15,000.00	311,000.00
	生产趣味面包	3000	60	180,000.00	1200	20	24,000.00	700	15	10,500.00	214,500.00
	车间一般性耗用				1000	20	20,000.00				20,000.00
行政管理部门								200	15	3,000.00	3,000.00
销售部门								100	15	1,500.00	1,500.00
合计		7000		420,000.00	5000		100,000.00	2000		30,000.00	550,000.00

制表:吴霞　　　　　复核:王峰

图4-21　经济业务涉及的原始凭证

★经济业务描述

2020 年 12 月 16 日,生产花式面包领用面包主料 4 000 千克,面包辅料 2 800 千克,面包纸盒 1 000 袋;生产趣味面包领用面包主料 3 000 千克,面包辅料 1 200 千克,面包纸盒 700 袋;车间一般性耗用面包辅料 1 000 千克;行政管理部门领用面包纸盒 200 千克;销售部门领用面包纸盒 100 千克;面包主料单位成本为 60 元、面包辅料单位成本为 20 元、面包纸盒单位成本为 15 元。

★账务处理分析(表 4-12)

表 4-12　账务处理分析

定科目	生产成本	制造费用	管理费用	销售费用	原材料
找类别	成本类	成本类	损益类(费用)	损益类(费用)	资产类
定方向	↑借	↑借	↑借	↑借	↓贷
定金额	525 500	20 000	3 000	1 500	550 000
做分录	借:生产成本——花式面包(直接材料)　　　　　　311 000 　　　　　　——趣味面包(直接材料)　　　　　　214 500 　　制造费用——物料消耗　　　　　　　　　　　20 000 　　管理费用——物料消耗　　　　　　　　　　　 3 000 　　销售费用——物料消耗　　　　　　　　　　　 1 500 　贷:原材料——主要材料　　　　　　　　　　　　　　　420 000 　　原材料——辅助材料　　　　　　　　　　　　　　　100 000 　　包装物　　　　　　　　　　　　　　　　　　　　　 30 000				

★记账凭证填制(图 4-22)

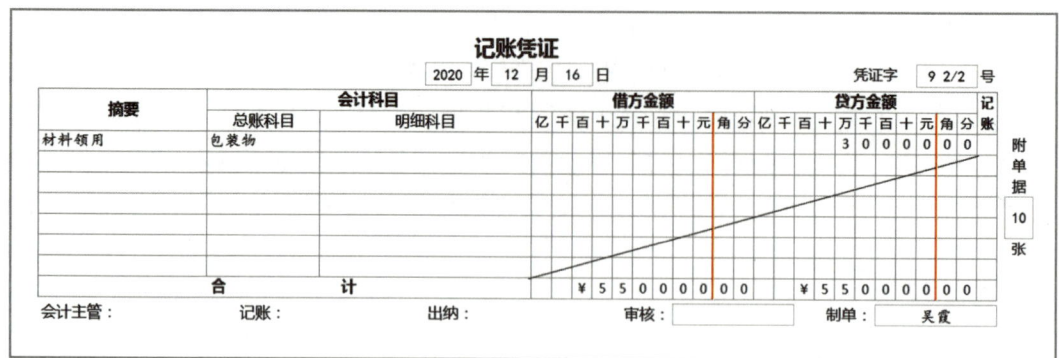

记账凭证

2020 年 12 月 16 日   凭证字 9 2/2 号

摘要	会计科目		借方金额	贷方金额	记
	总账科目	明细科目	亿千百十万千百十元角分	亿千百十万千百十元角分	账
材料领用	包装物			3 0 0 0 0 0 0	
	合 计		¥ 5 5 0 0 0 0 0 0	¥ 5 5 0 0 0 0 0 0	

附单据 10 张

会计主管：   记账：   出纳：   审核：   制单：吴霞

图 4-22 记账凭证填制

第四章

【实务情景 7】

★经济业务涉及的原始凭证(附件 1 张,工资费用分配表)(图 4-23)

江东东方食品有限公司工资费用分配表

2020 年 12 月 31 日   单位：元

车间、部门		应分配金额	备 注
生产车间	生产花式面包车间人员	54,520.00	
	生产趣味面包车间人员	39,180.00	
	车间行政管理人员	22,000.00	
行政管理部门人员		16,000.00	
销售部门人员		10,000.00	
合 计		141,700.00	

制表：吴霞   复核：王峰

图 4-23 经济业务涉及的原始凭证

★经济业务描述

2020 年 12 月 31 日,分配本月工资共计 141 700 元,生产花式面包工人工资 54 520 元,趣味面包工人工资 39 180 元,车间管理人员工资 22 000 元,公司行政管理人员工资 16 000 元,销售人员工资 10 000 元。

★账务处理分析(表 4-13)

表 4-13 账务处理分析

定科目	生产成本	制造费用	管理费用	销售费用	应付职工薪酬
找类别	成本类	成本类	损益类(费用)	损益类(费用)	负债类
定方向	↑借	↑借	↑借	↑借	↑贷
定金额	93 700	22 000	16 000	10 000	141 700

（续表）

做分录	借：生产成本——花式面包（直接人工）	54 520
	——趣味面包（直接人工）	39 180
	制造费用——职工薪酬	22 000
	管理费用——职工薪酬	16 000
	销售费用——职工薪酬	10 000
	贷：应付职工薪酬——职工工资	141 700

★记账凭证填制（图4-24）

图4-24 记账凭证填制

【实务情景8】

★经济业务涉及的原始凭证[附件2张,增值税普通发票(发票联)、银行付款回单]（图4-25）

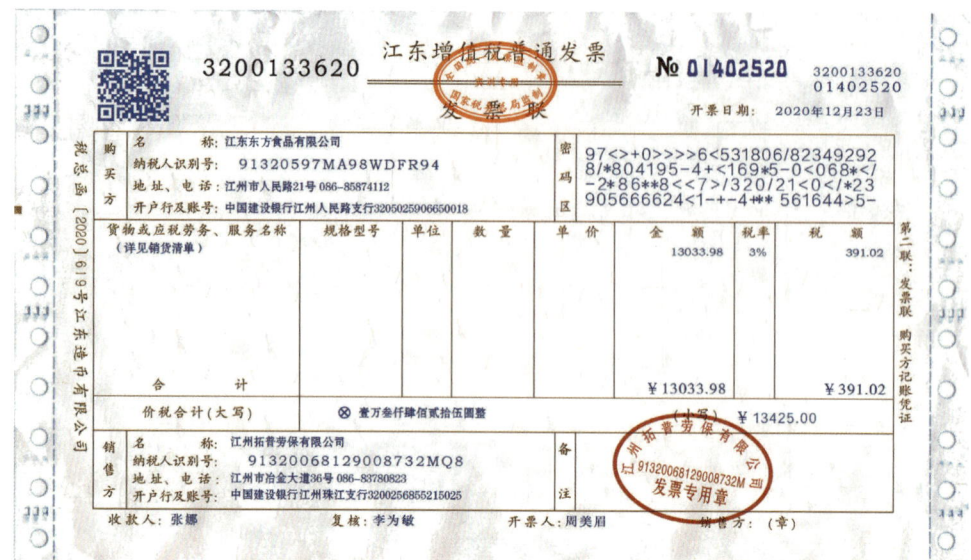

图 4-25　经济业务涉及的原始凭证

★经济业务描述

2020 年 12 月 23 日,以银行存款支付生产车间劳保用品 13 425 元。

★账务处理分析(表 4-14)

表 4-14　账务处理分析

定科目	制造费用	银行存款
找类别	成本类	资产类
定方向	↑借	↓贷
定金额	13 425	13 425
做分录	借:制造费用——劳动保护费　　　　　　　　13 425	贷:银行存款——建行 0018 账户　　　　　　　　13 425

★记账凭证填制(图 4-26)

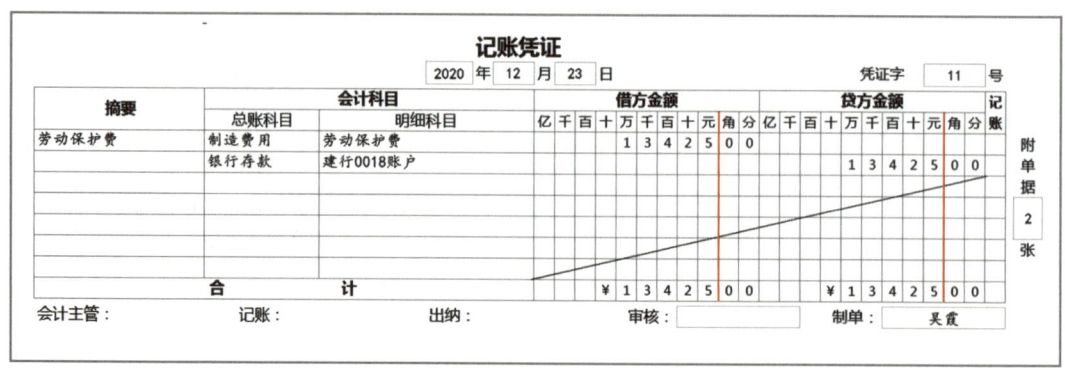

图 4-26　记账凭证填制

【实务情景 9】

★经济业务涉及的原始凭证[附件 3 张,增值税普通发票(发票联)、银行付款回单、水电费分配单](图 4-27)

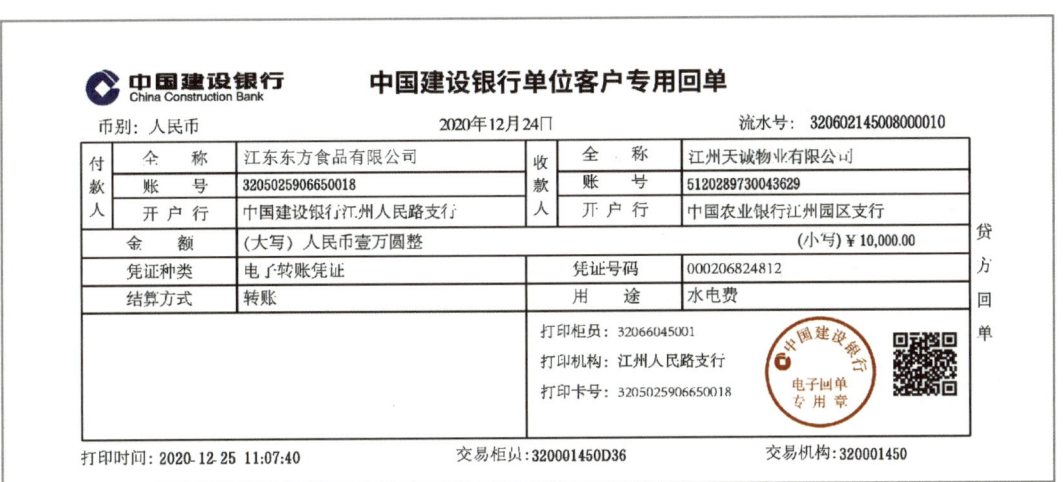

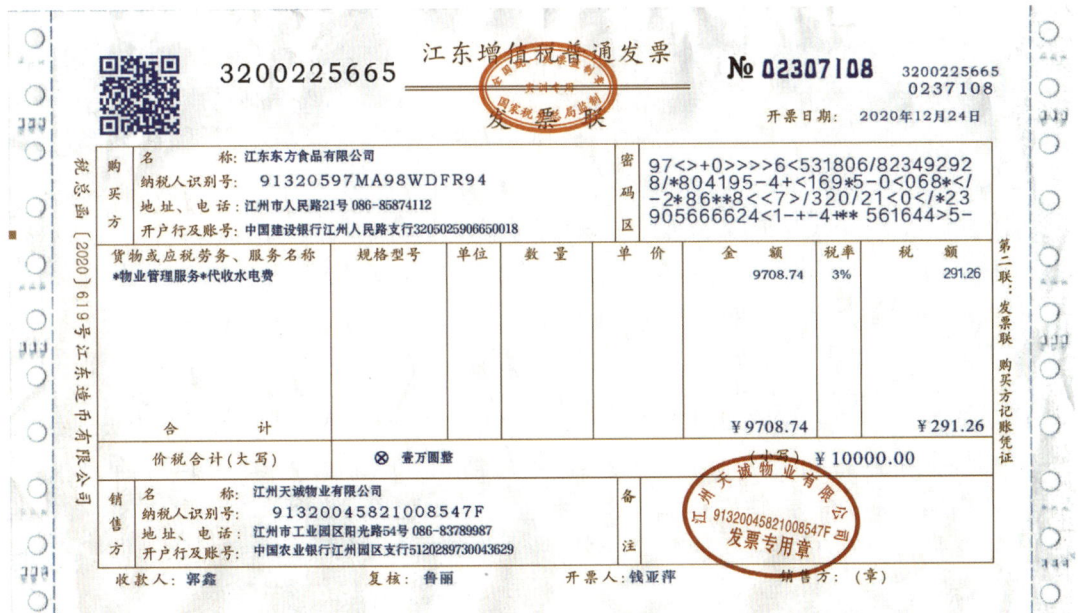

江东东方食品有限公司水电费分配表

2020 年 12 月 24 日 单位：元

车间、部门	应分配金额	备　注
生产车间耗用水电费	8,000.00	
行政管理部门耗用水电费	1,200.00	
销售部门耗用水电费	800.00	
合　　　计	10,000.00	

制表：吴霞　　　　　　　　　　复核：王峰

图 4-27　经济业务涉及的原始凭证

★经济业务的描述

2020 年 12 月 24 日，用银行存款支付本月水电费 10 000 元，其中生产车间耗用 8 000 元，行政管理部门耗用 1 200 元，销售部门耗用 800 元。

★账务处理分析（表 4-15）

表 4-15　账务处理分析

定科目	制造费用	管理费用	销售费用	银行存款
找类别	成本类	损益类（费用）	（费用）	资产类（备抵）
定方向	↑借	↑借	↑借	↑贷
定金额	8 000	1 200	800	10 000
做分录	借：制造费用——水电费　　　　　　　　　　　　　　　　8 000 　　　管理费用——水电费　　　　　　　　　　　　　　　　1 200 　　　销售费用——水电费　　　　　　　　　　　　　　　　800 　　贷：银行存款——建行 0018 账户　　　　　　　　　　　10 000			

★记账凭证填制（图 4-28）

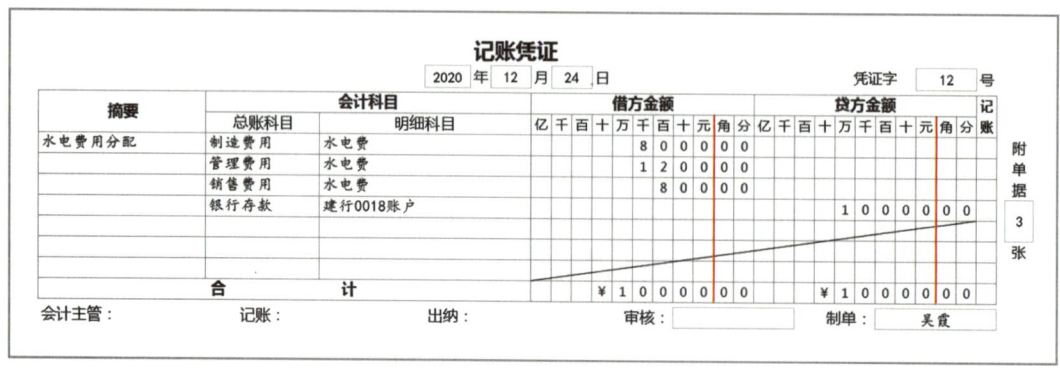

图 4-28　记账凭证填制

【实务情景 10】

★经济业务涉及的原始凭证(附件 1 张,制造费用分配表)(图 4-29)

江东东方食品有限公司制造费用分配表

2020 年 12 月 31 日　　　　　　　　单位：元

分配对象	分配标准（生产工时）	分配率	分配金额
生产花式面包	6000		39,480.00
生产趣味面包	4000		26,320.00
合　计	10000	6.58	65,800.00

制表：吴霞　　　　复核：王峰

附：本月制造费用归集明细账

制造费用明细账					
工资	物料消耗	水电费	劳动保护费	折旧费	合　计
22,000.00	20,000.00	8,000.00	13,425.00	2,375.00	65,800.00

图 4-29　经济业务涉及的原始凭证

★经济业务的描述

2020 年 12 月 31 日,将本月发生的制造费用按生产工人工时比例分配转入花式面包、趣味面包制造成本。

★账务处理分析(表 4-16)

表 4-16　账务处理分析

定科目	生产成本	制造费用
找类别	成本类	成本类
定方向	↑借	↓贷
定金额	65 800	65 800
做分录	借:生产成本——花式面包(制造费用)　　　　39 480 　　　　　——趣味面包(制造费用)　　　　26 320 　贷:制造费用——工资　　　　22 000 　　　　　——物料消耗　　　　20 000 　　　　　——水电费　　　　8 000 　　　　　——劳动保护费　　　　13 425 　　　　　——折旧费　　　　2 375	

★记账凭证填制(图 4-30)

记账凭证

2020 年 12 月 31 日   凭证字　14　号

摘要	会计科目		借方金额	贷方金额	记账
	总账科目	明细科目	亿 千 百 十 万 千 百 十 元 角 分	亿 千 百 十 万 千 百 十 元 角 分	
结转制造费用	生产成本	花式面包（制造费用）	3 9 4 8 0 0 0		附单据1张
	生产成本	趣味面包（制造费用）	2 6 3 2 0 0 0		
	制造费用	工资		2 2 0 0 0 0 0	
	制造费用	物料消耗		2 0 0 0 0 0 0	
	制造费用	水电费		8 0 0 0 0 0	
	制造费用	劳动保护费		1 3 4 2 5 0 0	
	制造费用	折旧摊销		2 3 7 5 0 0	
合　　计			¥ 6 5 8 0 0 0 0	¥ 6 5 8 0 0 0 0	

会计主管：　　　记账：　　　出纳：　　　审核：　　　制单：　吴霞

图 4-30　记账凭证填制

【实务情景 11】

★经济业务涉及的原始凭证（附件 2 张，成本计算单、入库单）（图 4-31）

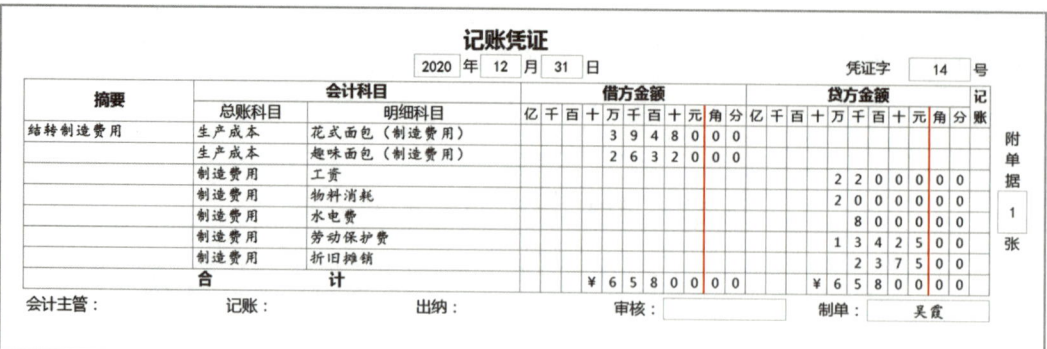

江东东方食品有限公司成本计算单

2020　年 12 月 31 日　　　　　　　　单位：元

产品名称	完工产品产量	完工产品总成本				完工产品单位成本
		直接材料	直接人工	制造费用	合计	
花式面包	2700	311,000.00	54,520.00	39,480.00	405,000.00	150.00
趣味面包	2800	214,500.00	39,180.00	26,320.00	280,000.00	100.00
备注	完工产品单位成本保留两位小数。本月投产产品本月全部完工，月末没有在产品。					

制表：吴霞　　　　　　复核：王峰

江东东方食品有限公司产品入库单

验收部门：仓库部　　　　2020 年 12 月 31 日　　　№. 2012001

产品名称	单位	交库数量	实收数量	单位成本	总成本	备注
花式面包	件	2700	2700			
趣味面包	件	2800	2800			
合计						

第二联　财务联

交货人：夏雨　　　会计：吴霞　　　仓管：李庆　　　签收人：王小英

图 4-31　经济业务涉及的原始凭证

★经济业务描述

2020 年 12 月 31 日,本月花式面包投产 2 700 件,趣味面包 2 800 件,月末全部完工入库,结转完工产品生产成本。

★账务处理分析(表 4-17)

表 4-17 账务处理分析

定科目	库存商品	生产成本
找类别	资产类	成本类
定方向	↑借	↓贷
定金额	685 000	685 000
做分录	借:库存商品——花式面包　　　　　　　　　　　　405 000 　　贷:生产成本——花式面包(直接材料)　　　　　　311 000 　　　　　　　　　　　　　　(直接人工)　　　　　　54 520 　　　　　　　　　　　　　　(制造费用)　　　　　　39 480 借:库存商品——趣味面包　　　　　　　　　　　　280 000 　　贷:生产成本——趣味面包(直接材料)　　　　　　214 500 　　　　　　　　　　　　　　(直接人工)　　　　　　39 180 　　　　　　　　　　　　　　(制造费用)　　　　　　26 320		

★记账凭证填制(图 4-32)

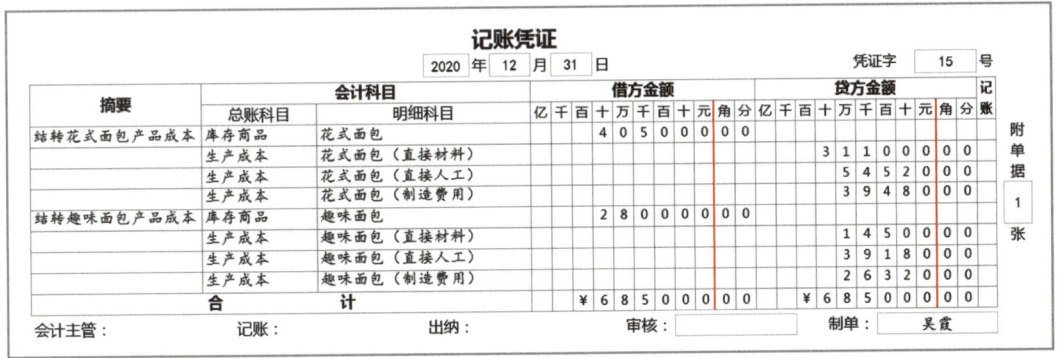

图 4-32 记账凭证填制

第五节　销售业务的账务处理

销售业务的账务处理涉及商品销售、其他销售等业务收入、成本、费用和相关税费的确认与计量等内容。

一、账户设置

企业通常设置以下账户对销售业务进行会计核算：

(1)"主营业务收入"账户。

(2)"其他业务收入"账户。

(3)"应收账款"账户。

(4)"应收票据"账户。

(5)"预收账款"账户。

(6)"主营业务成本"账户。

(7)"其他业务成本"账户。

二、常见经济业务账务处理模型

常见经济业务账务处理模型如表4-18所示。

表4-18　常见经济业务账务处理模型

销售商品或提供劳务确认收入、结转成本	一般纳税人确认收入 借:银行存款/应收账款/应收票据等 　贷:主营业务收入 　　应交税费——应交增值税(销项税额) 结转成本 借:主营业务成本 　贷:库存商品	【例题22】甲公司(一般纳税人)2021年2月10日向乙公司销售商品一批,货款为1 000 000元,款项尚未收到,已办妥托收手续,适用的增值税税率为13％,该批产品的成本为800 000元。则甲公司编制会计分录如下: 借:应收账款　　　　　1 130 000 　贷:主营业务收入　　　1 000 000 　　应交税费——应交增值税(销项税额) 　　　　　　　　　　　130 000 借:主营业务成本　　　800 000 　贷:库存商品　　　　　800 000

（续表）

销售原材料确认收入、结转成本	确认收入 借:银行存款/应收账款/应收票据等 　　贷:其他业务收入 　　　　应交税费——应交增值税(销项税额) 结转成本 借:其他业务成本 　　贷:原材料	【例题23】甲公司(一般纳税人)销售一批原材料,开出增值税专用发票上注明的售价为 10 000元,增值税税额为 1 300元,款项已由银行收妥。该批材料的实际成本为 8 500元。A公司应编制如下会计分录: 借:银行存款　　　　　　　11 300 　　贷:其他业务收入　　　　10 000 　　　　应交税费——应交增值税(销项税额) 　　　　　　　　　　　　　　1 300 借:其他业务成本　　　　　8 500 　　贷:原材料　　　　　　　8 500

第四章

三、账务处理流程

(1)销售商品的账务处理流程(图4-33)。

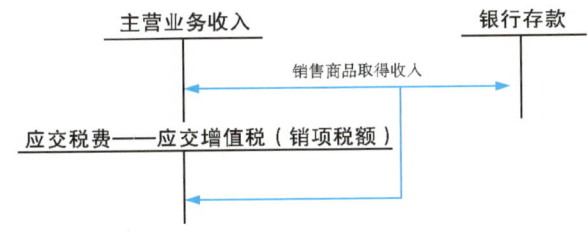

图4-33　销售商品的账务处理流程

(2)销售商品结转成本的账务处理流程(图4-34)。

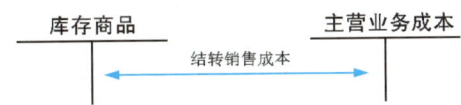

图4-34　销售商品结转成本的账务处理流程

(3)销售材料核算的账务处理流程(图4-35)。

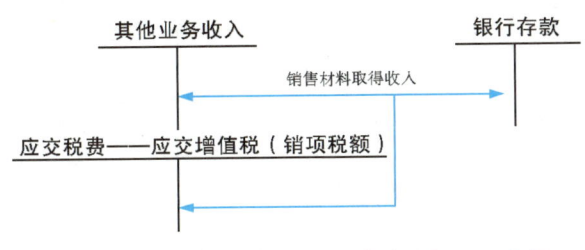

图4-35　销售材料核算的账务处理流程

（4）销售材料结转成本的账务处理流程(图4-36)。

图4-36　销售材料结转成本的账务处理流程

四、实务操作

【实务情景12】

★经济业务涉及的原始凭证[附件2张,增值税专用发票(记账联)、出库单](图4-37)

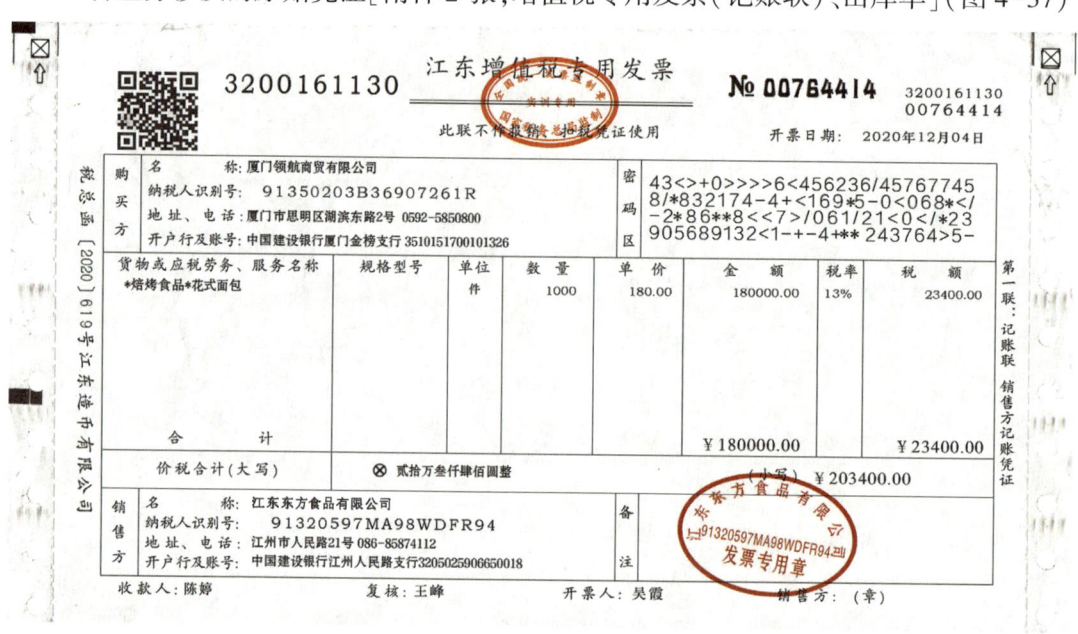

图4-37　经济业务涉及的原始凭证

★经济业务描述

2020 年 12 月 4 日,销售给一般纳税人厦门领航商贸有限公司花式面包 1 000 件,单价 180 元,计 180 000 元,增值税 23 400 元。产品已发出,货款尚未收到。

★账务处理分析(表 4-19)

表 4-19　账务处理分析

定科目	应收账款	主营业务收入	应交税费
找类别	资产类	损益类(收入)	负债类
定方向	↑借	↑贷	↑贷
定金额	203 400	180 000	23 400
做分录	借:应收账款——厦门领航商贸有限公司　　　　　　　203 400 　　贷:主营业务收入——花式面包　　　　　　　　　　　　　180 000 　　　　应交税费——应交增值税(销项税额)　　　　　　　　 23 400		

★记账凭证填制(图 4-38)

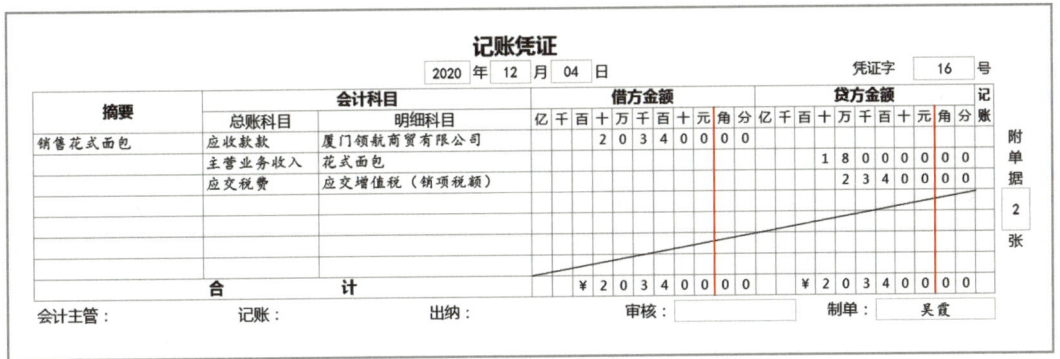

图 4-38　记账凭证填制

【实务情景 13】

★经济业务涉及的原始凭证(附件 1 张,销售产品成本计算表)(图 4-39)

江东东方食品有限公司销售产品单位成本计算表

2020 年 12 月 31 日　　　　　　　　　　单位:元

商品名称	期初库存		本期购入		加权平均单位成本	本期销售	
	数量	总金额	数量	总金额		数量	总金额
花式面包	10000	1,500,000.00	2700	405,000.00	150.00	1000	150,000.00
趣味面包	8000	800,000.00	2800	280,000.00	100.00	600	60,000.00
合　计							

制表:吴霞　　　　　　　　　　　复核:王峰

图 4-39　经济业务涉及的原始凭证

★经济业务描述

2020 年 12 月 31 日,按月末一次加权平均单价计算结转本月已售产品的销售成本。

★账务处理分析(表 4-20)

表 4-20　账务处理分析

定科目	主营业务成本		库存商品	
找类别	损益类(费用)		资产类	
定方向	↑借		↓贷	
定金额	210 000		210 000	
做分录	借:主营业务成本——花式面包	150 000		
	贷:库存商品——花式面包		150 000	
	借:主营业务成本——趣味面包	60 000		
	贷:库存商品——趣味面包		60 000	

★记账凭证填制(图 4-40)

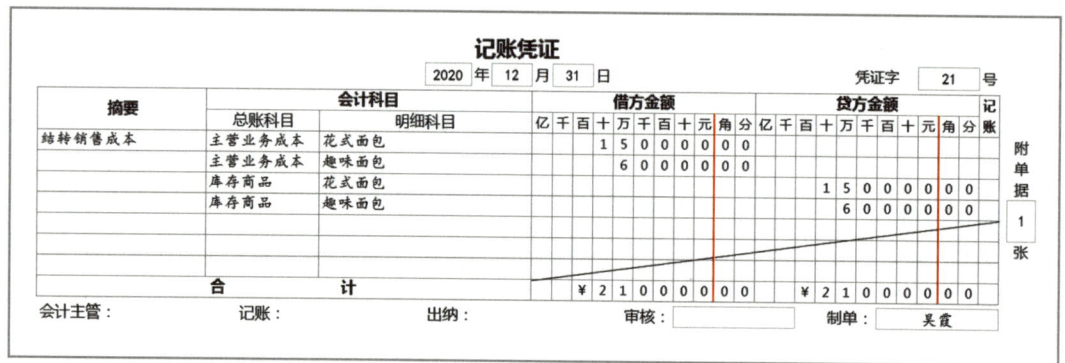

图 4-40　记账凭证填制

【实务情景 14】

★经济业务涉及的原始凭证[附件 3 张,增值税专用发票(记账联)、出库单、收款收据]
(图 4-41)

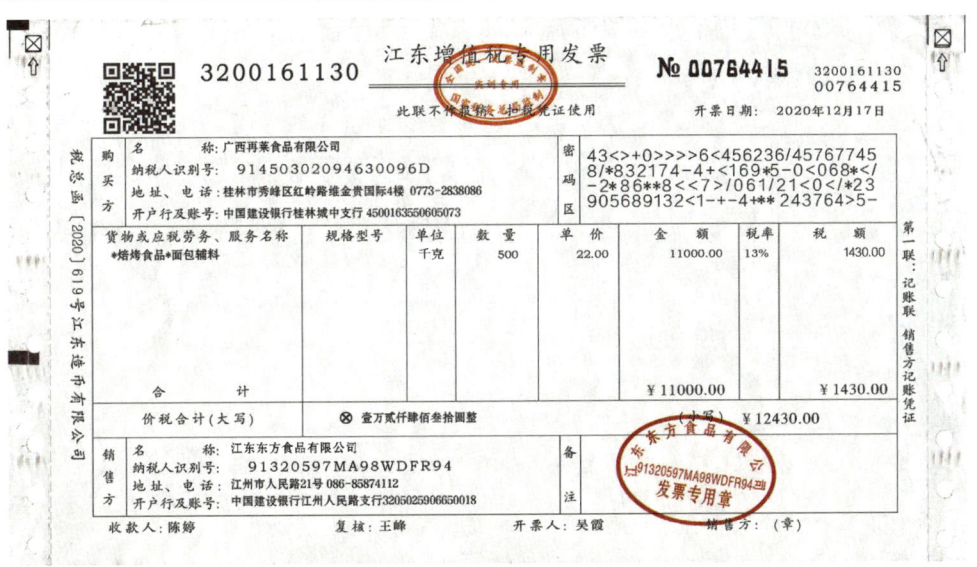

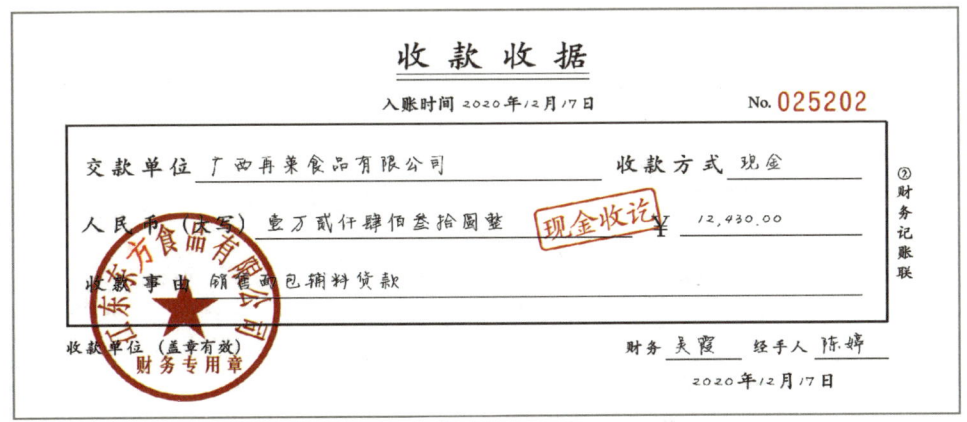

图 4-41　经济业务涉及的原始凭证

★经济业务描述

2020 年 12 月 17 日,销售给一般纳税人广西再莱食品有限公司面包辅料 500 千克,单价 22

元,销售价款为 11 000 元,增值税 1 430 元,产品已发出,货款 12 430 元以现金方式收讫。

★账务处理分析(表 4-21)

表 4-21　账务处理分析

定科目	库存现金	其他业务收入	应交税费
找类别	资产类	损益类(收入)	负债类
定方向	↑借	↑贷	↑贷
定金额	12 430	11 000	1 430
做分录	借:库存现金　　　　　　　　　　　　　　　　　　12 430 　贷:其他业务收入——销售材料　　　　　　　　　　　　　　11 000 　　　应交税费——应交增值税(销项税额)　　　　　　　　1 430		

★记账凭证填制(图 4-42)

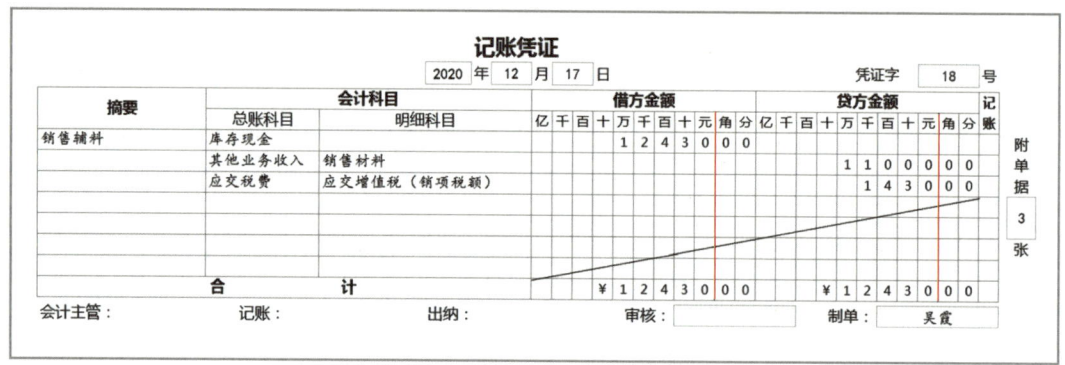

图 4-42　记账凭证填制

【实务情景 15】

★经济业务涉及的原始凭证(附件 1 张,销售材料成本计算表)(图 4-43)

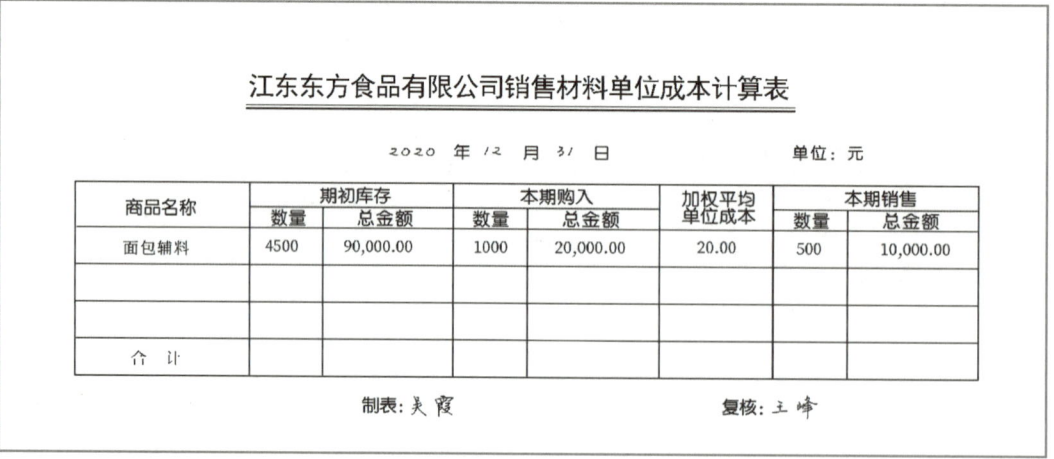

图 4-43　经济业务涉及的原始凭证

★经济业务描述

2020 年 12 月 31 日,按月末一次加权平均单价计算结转本月已销售面包辅料的成本。

★账务处理分析(表4-22)

表4-22 账务处理分析

定科目	其他业务成本	原材料
找类别	损益类(费用)	资产类
定方向	↑借	↓贷
定金额	10 000	10 000
做分录	借:其他业务成本——销售材料的成本　　10 000	
	贷:原材料——面包辅料　　　　　　　　　　10 000	

★记账凭证填制(图4-44)

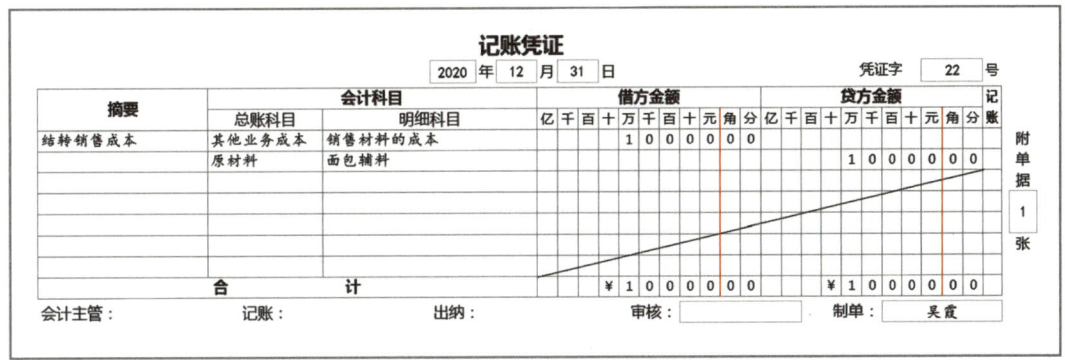

图4-44 记账凭证填制

第六节 期间费用的账务处理

期间费用是指企业日常活动中不能直接归属于某个特定成本核算对象的,在发生时应直接计入当期损益的各种费用。期间费用包括销售费用、管理费用和财务费用。

一、账户设置

企业通常设置以下账户对费用支出进行会计核算:

(1)"管理费用"账户。

(2)"销售费用"账户。

(3)"财务费用"账户。

二、常见经济业务账务处理模型

常见经济业务账务处理模型如表 4-23 所示。

表 4-23　常见经济业务账务处理模型

管理费用	借:管理费用 　贷:银行存款 　　　应付职工薪酬 　　　累计折旧 　　　研发支出等	【例题 24】甲公司用库存现金支付业务招待费 1 000 元,编制如下会计分录: 借:管理费用——业务招待费　　　　1 000 　贷:库存现金　　　　　　　　　　　　1 000 【例题 25】甲公司计提本月办公用房的折旧费 1 600 元,编制如下会计分录: 借:管理费用——折旧费　　　　　　1 600 　贷:累计折旧　　　　　　　　　　　　1 600 【例题 26】甲公司 2021 年 2 月 5 日就一项产品的设计方案向有关专家进行咨询,以现金支付咨询费 30 000 元。编制如下会计分录: 借:管理费用——咨询费　　　　　30 000 　贷:库存现金　　　　　　　　　　　30 000
销售费用	借:销售费用 　贷:银行存款 　　　应付职工薪酬 　　　累计折旧等	【例题 27】甲公司 2021 年 2 月 12 日销售一批产品,销售过程中发生运输费 5 000 元,装卸费 2 000 元,均用银行存款支付。编制如下会计分录: 借:销售费用——运输费　　　　　5 000 　　　　　——装卸费　　　　　2 000 　贷:银行存款　　　　　　　　　　　7 000
财务费用	借:财务费用——手续费 　贷:银行存款 借:财务费用——利息支出 　贷:银行存款 借:银行存款 　贷:财务费用——利息收入 或 借:银行存款 　贷:财务费用——利息收入 　　　（红字）	【例题 28】甲公司转账支付金融机构的手续费 1 000 元。编制如下会计分录: 借:财务费用——手续费　　　　　1 000 　贷:银行存款　　　　　　　　　　　1 000 【例题 29】甲公司收到一季度利息 300 元。编制如下会计分录: 借:银行存款　　　　　　　　　　　300 　贷:财务费用——利息收入　　　　　300

三、期间费用账务处理流程

期间费用账务处理流程如图 4-45 所示。

图 4-45 期间费用账务处理流程

四、实务操作

【实务情景 16】

★经济业务涉及的原始凭证(附件 2 张,费用报销单、通用机打发票)(图 4-46)

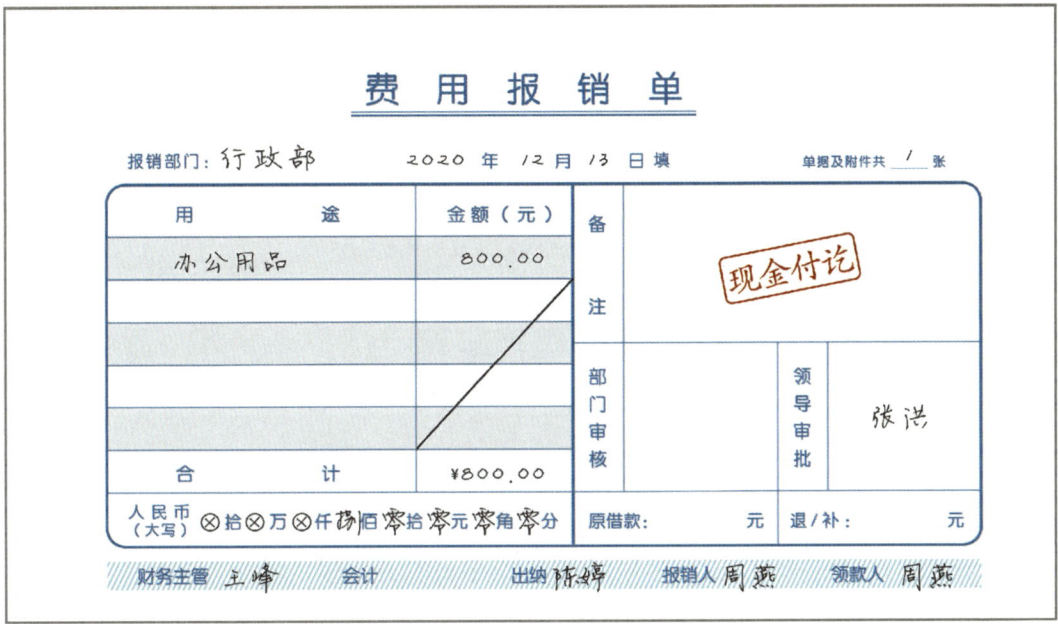

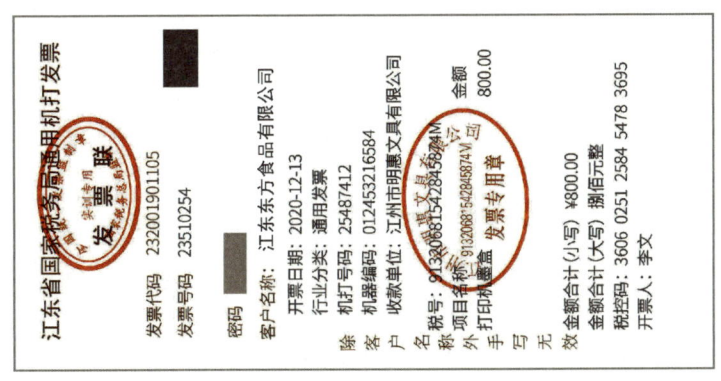

图 4-46 经济业务涉及的原始凭证

★经济业务描述

2020 年 12 月 13 日,以现金购买办公用品 800 元。

★账务处理分析(表 4-24)

表 4-24　账务处理分析

定科目	管理费用	库存现金
找类别	损益类(费用)	资产类
定方向	↑借	↓贷
定金额	800	800
做分录	借:管理费用——办公费　　　　　　　　　　800 　　　贷:库存现金　　　　　　　　　　　　　　　　800	

★记账凭证填制(图 4-47)

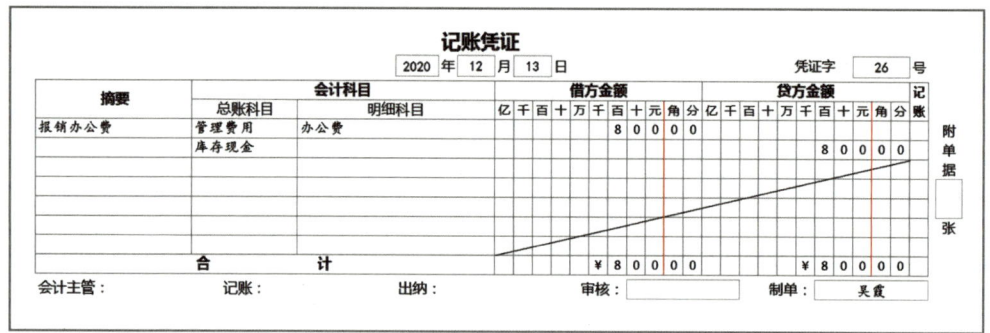

图 4-47　记账凭证填制

【实务情景 17】

★经济业务涉及的原始凭证(附件 2 张,费用报销单、增值税普通发票)(图 4-48)

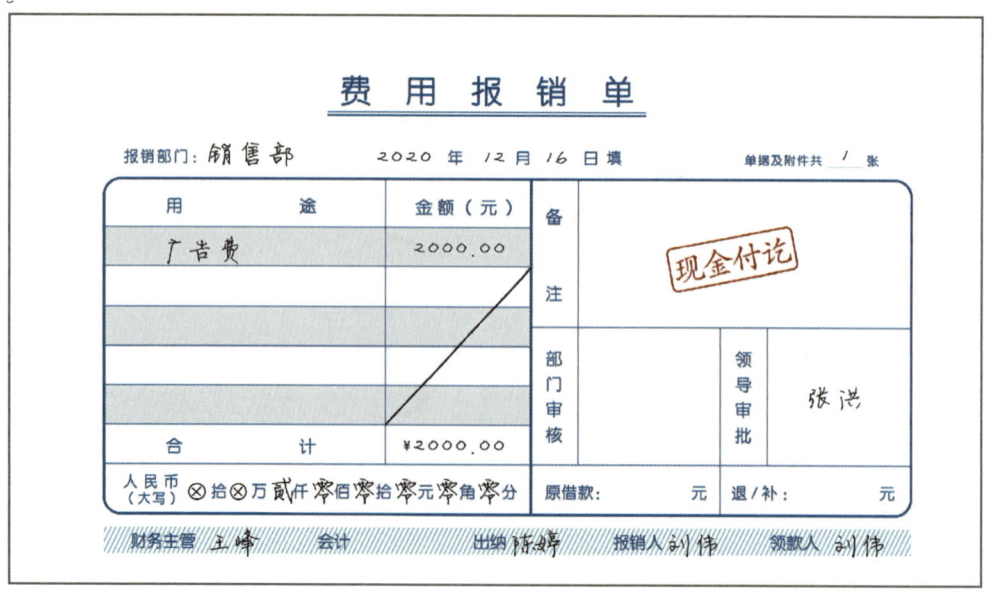

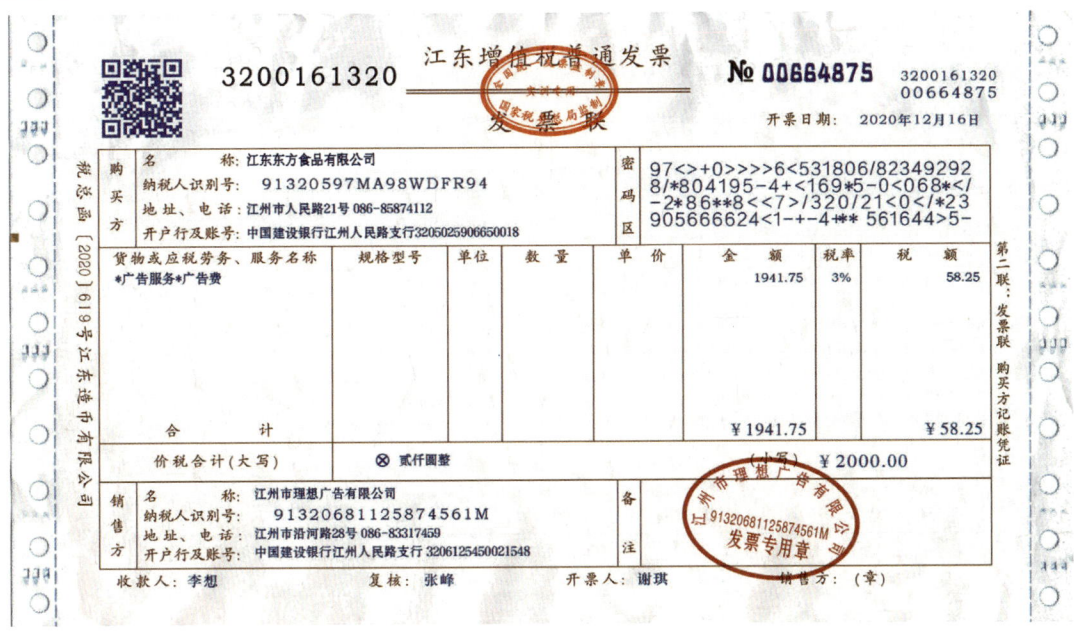

图4-48　经济业务涉及的原始凭证

★经济业务描述

2020年12月16日,以现金支付广告费2 000元。

★账务处理分析(表4-25)

表4-25　账务处理分析

定科目	销售费用	库存现金
找类别	损益类(费用)	资产类
定方向	↑借	↓贷
定金额	2 000	2 000
做分录	借:销售费用——广告费和业务宣传费　　　　　　　　　　2 000 　　　贷:库存现金　　　　　　　　　　　　　　　　　　　　　　2 000	

★记账凭证填制(图4-49)

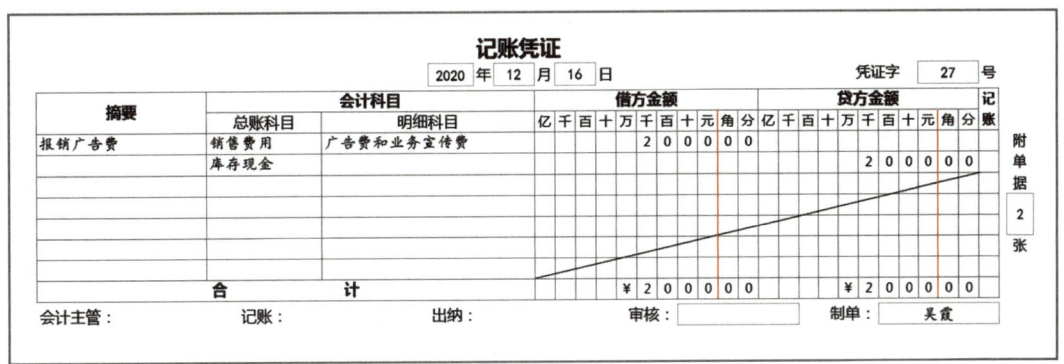

图4-49　记账凭证填制

【实务情景18】

★经济业务涉及的原始凭证(附件1张,银行收款回单)(图4-50)

图4-50 经济业务涉及的原始凭证

★经济业务描述

2020年12月21日,银行扣款支付手续费30元。

★账务处理分析(表4-26)

表4-26 账务处理分析

定科目	财务费用	银行存款
找类别	损益类(费用)	资产类
定方向	↑借	↓贷
定金额	30	30
做分录	借:财务费用——手续费 30 贷:银行存款——建行0018账户 30	

★记账凭证填制(图4-51)

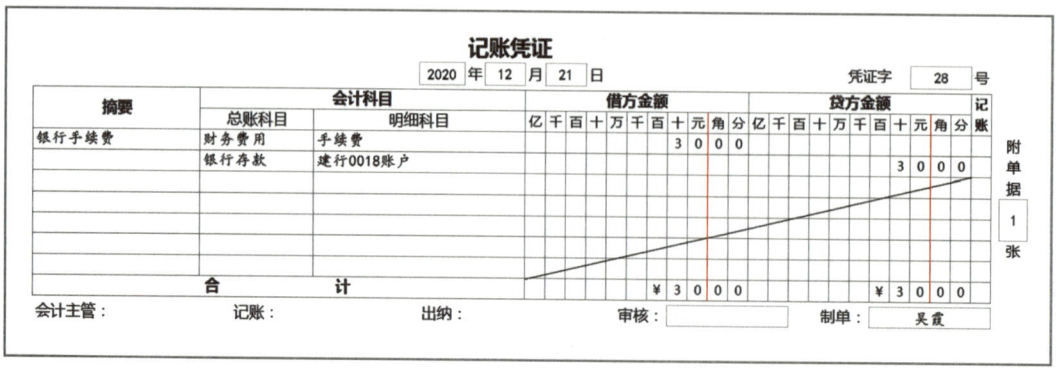

图4-51 记账凭证填制

第七节 税费的账务处理

一、各项税费的概念及其分类

企业按照税法规定核算应缴纳的各种税费,包括增值税、消费税、城市维护建设税、资源税、企业所得税、土地增值税、房产税、车船税、城镇土地使用税、教育费附加等。

(一)增值税

1. 增值税的概念

增值税是以商品(含应税劳务、应税服务)在流转过程中产生的增值额作为计税依据而征收的一种流转税。

2. 增值税纳税人的分类

根据纳税人的经营规模以及会计核算健全程度的不同,增值税的纳税人,可划分为小规模纳税人和一般纳税人。

3. 增值税税率(表4-27)

表 4-27 增值税税率

项目	具体内容
一般纳税人	一般纳税人采用的税率分为基本税率、低税率和零税率三种
	销售或者进口货物、提供应税劳务、提供应税服务,除低税率适用范围外,税率一律为13%,即基本税率
	销售或者进口粮食、食用植物油、自来水、暖气、冷气、热水、煤气、石油液化气、天然气、沼气、居民用煤炭制品、图书、报纸、杂志、饲料、化肥、农药、农机、农膜以及国务院及其有关部门规定的其他货物,适用9%的低税率
	提供交通运输业服务、邮政、基础电信、建筑、不动产租赁服务、销售不动产、转让土地使用权,适用9%的低税率
	提供增值电信服务、金融服务、现代服务租赁(租赁服务除外,有形动产租赁服务适用13%的税率)、生活服务、转让土地使用权以外的其他无形资产,适用6%的低税率
	出口货物、境内企业或个人发生的跨境应税行为(如转让无形资产)符合条件的,税率为零
小规模纳税人	小规模纳税人的征收率为3%
简易计税方法	应税行为中按照简易计税方法计税的销售不动产,不动产经营租赁服务的征收率为5%
其他情况	其他情况征收率为3%

4.增值税的计算方法

计算增值税的方法分为一般计税方法和简易计税方法。

(1)增值税的一般计税方法,是先按照当期销售额和适用的税率计算出销项税额,然后以该销售额对当期购进项目支付的税款(即进项税额)进行抵扣,从而间接算出当期的应纳税额。其计算公式如下:

$$当期应纳税额=当期销项税额-当期进项税额$$

公式中的"当期销项税额"是指纳税人当期销售货物、提供应税劳务、发生应税行为时按照销售额和增值税税率计算并收取的增值税税额。销项税额的计算公式:

$$销项税额=销售额×增值税税率$$

公式中的"当期进项税额"是指纳税人当期购进货物、接受加工修理和修配劳务、应税服务、无形资产和不动产所支付或承担的增值税税额。

(2)小规模纳税人一般采用简易计税方法;一般纳税人销售服务、无形资产或者不动产,符合规定的,可以采用简易计税方法。增值税的简易计税方法是按照销售额与征收率的乘积计算应纳税额。应纳税额计算公式:

$$应纳税额=销售额×征收率$$

(二)城市维护建设税

1.城市维护建设税的概念

城市维护建设税是以纳税人实际缴纳的增值税、消费税税额为计税依据所征收的一种税,主要目的是筹集城镇设施建设和维护资金。

2.城市维护建设税的税率

城市维护建设税实行差别比例税率。按照纳税人所在地区的不同,设置了三档比例税率,纳税人所在地区为市区的,税率为 7%;纳税人所在地区为县城、镇的,税率为 5%;纳税人所在地区不在市区、县城或者镇的,税率为 1%。

3.城市维护建设税的计算方法

城市维护建设税应纳税额的计算比较简单,计税方法基本上与增值税、消费税一致,其计算公式为:

$$应纳税额=实际缴纳的增值税、消费税税额之和×适用税率$$

(三)教育费附加和地方教育附加

1.教育费附加和地方教育附加的概念

教育费附加和地方教育附加是对缴纳增值税、消费税的单位和个人,就其实际缴纳的税额为计算依据征收的一种附加费。

2. 教育费附加和地方教育附加的征收比率

按照 1994 年 2 月 7 日《国务院关于教育费附加征收问题的紧急通知》的规定,现行教育费附加征收比率为 3%,地方教育附加征收比率为 2%。

3. 教育费附加和地方教育附加的计算方法

应纳教育费附加、地方教育附加＝实际缴纳增值税、消费税税额之和 ×征收比率

(四) 企业所得税

1. 企业所得税的概念

企业所得税是对我国境内的企业和其他取得收入的组织的生产经营所得和其他所得征收的一种税。

2. 企业所得税的征收比率

企业所得税实行比例税率。

居民企业以及在中国境内设立机构、场所且取得的所得与其所设机构、场所有实际联系的非居民企业,应当就其来源于中国境内、境外的所得缴纳企业所得税,适用税率为 25%。

非居民企业在中国境内未设立机构、场所的,或者虽设立机构、场所但取得的所得与其所设机构、场所没有实际联系的,应当就其来源于中国境内的所得缴纳企业所得税,适用税率为 20%。

3. 企业所得税的计算方法

企业所得税的应纳税额的计算公式为:

应纳税额＝应纳税所得额×适用税率

二、各项税费的账务处理

1. 账户设置

(1)"应交税费"账户。

(2)"税金及附加"账户。

2. 常见经济业务账务处理模型

常见经济业务账务处理模型如表 4-28 所示。

表 4-28　常见经济业务账务处理模型

增值税	转出未交增值税 借:应交税费——应交增值税 （转出未交增值税） 　贷:应交税费——未交增值 税 缴纳增值税 借:应交税费—未交增值税 　贷:银行存款	【例题30】2021年2月28日,一般纳税人甲公司将尚未缴纳的增值税11 950元进行结转。编制如下会计分录: 借:应交税费——应交增值税(转出未交增值税) 　　　　　　　　　　　　　　　　　　　11 950 　贷:应交税费——未交增值税　　　　11 950 3月份,甲公司缴纳2月份未缴增值税11 950元时,编制如下会计分录: 借:应交税费——未交增值税　　　11 950 　贷:银行存款　　　　　　　　　　11 950
税金及附加	计提税金及附加 借:税金及附加 　贷:应交税费——应交 ××税 用银行存款缴纳上述税金 借:应交税费——应交 ××税 　贷:银行存款 印花税直接支付 借:税金及附加——印花税 　贷:银行存款	【例题31】甲公司按税法规定本期应缴纳城市维护建设税836.50元,教育费附加358.50元,地方教育附加239.00元。编制如下会计分录: 计算应缴纳上述税金 借:税金及附加——城市维护建设税　836.50 　　　　　　——应交教育费附加　358.50 　　　　　　——应交地方教育附加 239.00 　贷:应交税费——应交城市维护建设税　836.50 　　　　　　——应交教育费附加　　358.50 　　　　　　——应交地方教育附加　239.00 用银行存款缴纳上述税金 借:应交税费——应交城市维护建设税 836.50 　　　　　　——应交教育费附加　358.50 　　　　　　——应交地方教育附加 239.00 　贷:银行存款　　　　　　　　　　1 434.00 【例题32】甲公司按税法规定本期应缴纳印花税145元,已用银行存款付讫。编制如下会计分录: 借:税金及附加——印花税　　　　145 　贷:银行存款　　　　　　　　　　145

3. 实务操作

【实务情景19】

★经济业务涉及的原始凭证(附件1张,应交增值税计算表)(图4-52)

应交增值税计算表

2020 年 12 月 31 日 单位：元

序号	项 目	计算公式	借方金额	贷方金额
1	期初留抵税额	6=2-1 -3-4+5		
2	销项税额专栏本月发生额			34,190.00
3	进项税额专栏本月发生额		31,470.00	
4	减免税额专栏本月发生额			
5	进项税额转出专栏本月发生额			
6	期末留抵扣税额（未交增值税税额）			2,720.00

制表：吴霞 复核：王峰

图 4-52 经济业务涉及的原始凭证

★经济业务描述

2020 年 12 月 31 日，结转未交增值税 2 720 元。

★账务处理分析（表 4-29）

表 4-29 账务处理分析

定科目	应交税费	应交税费
找类别	负债类	负债类
定方向	↓借	↑贷
定金额	2 720	2 720
做分录	借：应交税费——应交增值税（转出未交增值税） 2 720	贷：应交税费——未交增值税 2 720

★记账凭证填制（图 4-53）

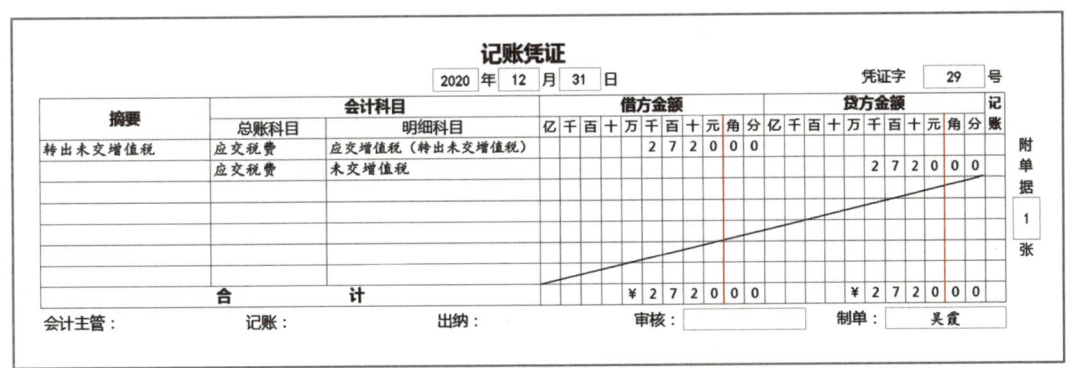

图 4-53 记账凭证填制

【实务情景 20】

★经济业务涉及的原始凭证（附件 1 张，附加税费计提表）（图 4-54）

增值税附加税费计提表

2020 年 12 月 31 日   单位：元

应交税费明细项目	计税依据	金额	税率	应纳税额	备注
城市维护建设税	增值税附加	2,720.00	7%	190.40	
教育费附加	增值税附加	2,720.00	3%	81.60	
地方教育附加	增值税附加	2,720.00	2%	54.40	
合 计				326.40	

制表：吴霞   复核：王峰

图 4-54   经济业务涉及的原始凭证

★经济业务描述

2020 年 12 月 31 日，按本月应缴纳的增值税，分别按 7% 和 3%，2% 计算产品应缴纳的城市维护建设税 190.40 元，教育费附加 81.60 元，地方教育附加 54.40 元。

★账务处理分析（表 4-30）

表 4-30   账务处理分析

定科目	税金及附加	应交税费
找类别	损益类（费用）	负债类
定方向	↑借	↑贷
定金额	326.40	326.40

做分录	借：税金及附加——城市维护建设税 190.40
	       ——教育费附加 81.60
	       ——地方教育附加 54.40
	    贷：应交税费——应交城市维护建设税 190.40
	       ——应交教育费附加 81.60
	       ——应交地方教育附加 54.40	

★记账凭证填制（图 4-55）

图 4-55   记账凭证填制

第八节　利润形成与分配业务的账务处理

一、利润形成

利润是指企业在一定会计期间的经营成果,包括收入减去费用后的净额、直接计入当期损益的利得和损失等。利润由营业利润、利润总额和净利润三个层次构成。

(一)营业利润
营业利润这一指标能够比较恰当地反映企业管理者的经营业绩,其计算公式如下:
营业利润=营业收入−营业成本−税金及附加−销售费用−管理费用−研发费用−财务费用−资产减值损失±公允价值变动损益±投资损益±资产处置损益+其他收益
其中,营业收入=主营业务收入+其他业务收入
营业成本=主营业务成本+其他业务成本

(二)利润总额
利润总额,又称税前利润,是营业利润加上营业外收入减去营业外支出后的金额,其计算公式如下:

$$利润总额=营业利润+营业外收入−营业外支出$$

(三)净利润
净利润,又称税后利润,是利润总额扣除所得税费用后的净额,其计算公式如下:

$$净利润=利润总额−所得税费用$$

二、利润形成的账务处理

1. 账户设置
企业通常设置以下账户对利润形成业务进行会计核算:
(1)"本年利润"账户。
(2)"投资收益"账户。
(3)"营业外收入"账户。
(4)"营业外支出"账户。
(5)"所得税费用"账户。

2. 常见经济业务账务处理模型(表4-31)

表4-31 常见经济业务账务处理模型

结转各项收入	借:主营业务收入 　其他业务收入 　营业外收入 　投资收益 　贷:本年利润	【例题33】2021年2月28日,甲公司结转本月实现的各项收入和成本费用到"本年利润"账户。假设本月甲公司实现主营业务收入5 200 000元,主营业务成本3 800 000元,其他业务收入108 000元,其他业务成本76 000元,税金及附加12 000元,管理费用210 000元,财务费用1 300元,销售费用110 000元,营业外收入116 000元,营业外支出78 000元,投资收益56 000元(贷方)。甲公司应编制如下会计分录: 借:主营业务收入　　　　5 200 000 　其他业务收入　　　　　108 000 　营业外收入　　　　　　116 000 　投资收益　　　　　　　　56 000 　贷:本年利润　　　　　　　5 480 000 借:本年利润　　　　　　4 287 300 　贷:主营业务成本　　　　　3 800 000
结转各项成本费用	借:本年利润 　贷:主营业务成本 　　其他业务成本 　　税金及附加 　　管理费用 　　研发费用 　　销售费用 　　财务费用 　　营业外支出	其他业务成本　　　　　　76 000 　　税金及附加　　　　　　　12 000 　　管理费用　　　　　　　　210 000 　　财务费用　　　　　　　　1 300 　　销售费用　　　　　　　　110 000 　　营业外支出　　　　　　　78 000 利润总额=5 480 000-4 287 300=1 192 700(元)
计提并结转所得税费用	计提所得税费用 借:所得税费用 　贷:应交税费——应交所得税 结转所得税费用 借:本年利润 　贷:所得税费用	【例题34】承【例题33】2021年2月28日,甲公司计算本期应缴纳的企业所得税,并结转所得税费用,假定适用的所得税税率为25%,本期的应纳税所得额就是当期的利润总额。 应纳税额=应纳税所得额×所得税税率=1 192 700×25%=298 175(元) 甲公司应编制如下会计分录: 借:所得税费用　　　　　298 175 　贷:应交税费——应交所得税　　298 175 同时,结转企业的所得税费用 借:本年利润　　　　　　298 175 　贷:所得税费用　　　　　　298 175 净利润=1 192 700-298 175=894 525(元)

3. 结转损益账务处理流程(图4-56)

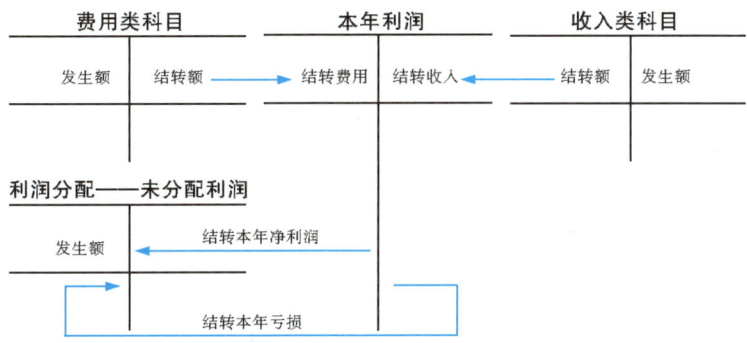

图4-56　结转损益账务处理流程

4. 实务操作

【实务情景21】

★经济业务涉及的原始凭证(附件1张,当期损益计算表)(图4-57)

当期损益计算表

2020 年 12 月 31 日　　　　　　　　　单位:元

收入类科目	本月发生额	费用类科目	本月发生额
主营业务收入	252,000.00	主营业务成本	210,000.00
其他业务收入	11,000.00	其他业务成本	10,000.00
营业外收入		税金及附加	326.40
投资收益		管理费用	25,739.58
		销售费用	15,883.33
		财务费用	30.00
		资产减值损失	
		营业外支出	
合　计	263,000.00	合　计	261,979.31
当期损益(利润为正,亏损为负)		1,020.69	

制表:吴霞　　　　　　　　复核:王峰

图4-57　经济业务涉及的原始凭证

★经济业务描述

2020年12月31日,结转有关损益类账户,计算本月实现利润总额。

★账务处理分析(表4-32,表4-33)

表4-32　账务处理分析1

定科目	主营业务收入/其他业务收入	本年利润
找类别	损益类(收入)	所有者权益类

（续表）

定方向	↓借	↑贷
定金额	263 000	263 000
做分录	借：主营业务收入　　252 000 　　其他业务收入　　11 000 　贷：本年利润　　263 000	

表 4-33　账务处理分析 2

定科目	主营业务成本/其他业务成本/税金及附加/销售费用/管理费用/财务费用	本年利润
找类别	损益类(费用)	所有者权益类
定方向	↓贷	↓借
定金额	261 979.31	261 979.31
做分录	借：本年利润　　261 979.31 　贷：主营业务成本　　210 000.00 　　其他业务成本　　10 000.00 　　税金及附加　　326.40 　　管理费用　　25 739.58 　　销售费用　　15 883.33 　　财务费用　　30.00	

★记账凭证填制（图 4-58）

记账凭证

2020 年 12 月 31 日　　　　凭证字 31 1/2 号

摘要	会计科目：总账科目	明细科目	借方金额（亿千百十万千百十元角分）	贷方金额（亿千百十万千百十元角分）	记账
结转损益	主营业务收入		25200000		
	其他业务收入		1100000		
	本年利润			26300000	
结转损益	本年利润		26197931		
	主营业务成本			21000000	
	其他业务成本			1000000	
	税金及附加			32640	
合　计					

附单据 1 张

会计主管：　记账：　出纳：　审核：　制单：吴霞

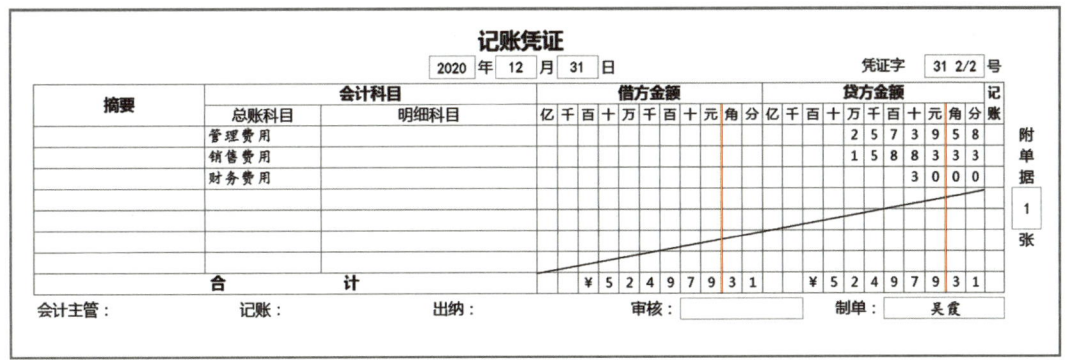

图 4-58　记账凭证填制

【实务情景 22】

★经济业务涉及的原始凭证(附件 1 张,所得税计提表)(图 4-59)

所得税计提表

2020 年 12 月 31 日　　　　　　　　　　单位:元

项目	应纳税所得额	企业所得税税率	应交企业所得税
	①	②	③ = ①×25％× ②
全年数	100 000	20％	5 000

审核人: 王峰　　制表人: 吴霞

图 4-59　经济业务涉及的原始凭证

★经济业务描述

2020 年 12 月 31 日,计提全年所得税,并结转所得税费用。

★账务处理分析(表 4-34,表 4-35)

表 4-34　账务处理分析 1

定科目	所得税费用	应交税费
找类别	损益类(费用)	负债类
定方向	↑借	↑贷
定金额	5 000	5 000
做分录	借:所得税费用　　　　　　　　　　　　　　　　5 000 　贷:应交税费——应交企业所得税　　　　　　　　　　　5 000	

表 4-35　账务处理分析 2

定科目	本年利润	所得税费用
找类别	所有者权益类	损益类（费用）
定方向	↓借	↓贷
定金额	5 000	5 000
做分录	借:本年利润　　　　　　　　　　　　　5 000	贷:所得税费用　　　　　　　　　　　　　5 000

★记账凭证填制(图 4-60)

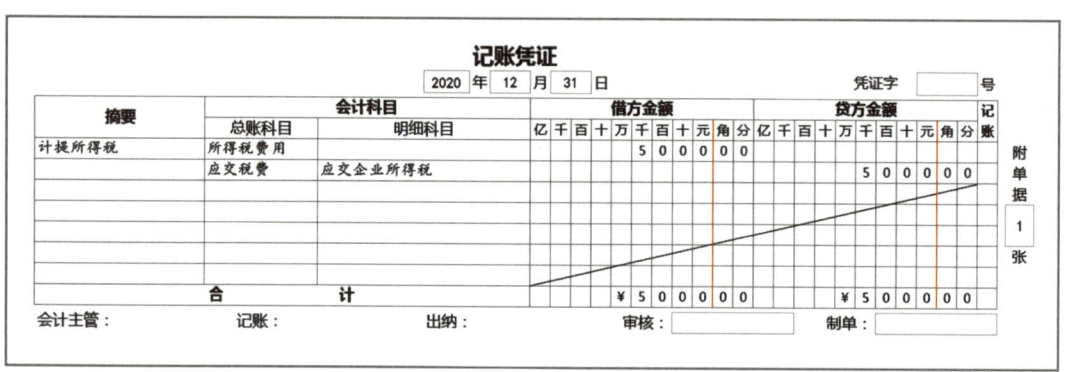

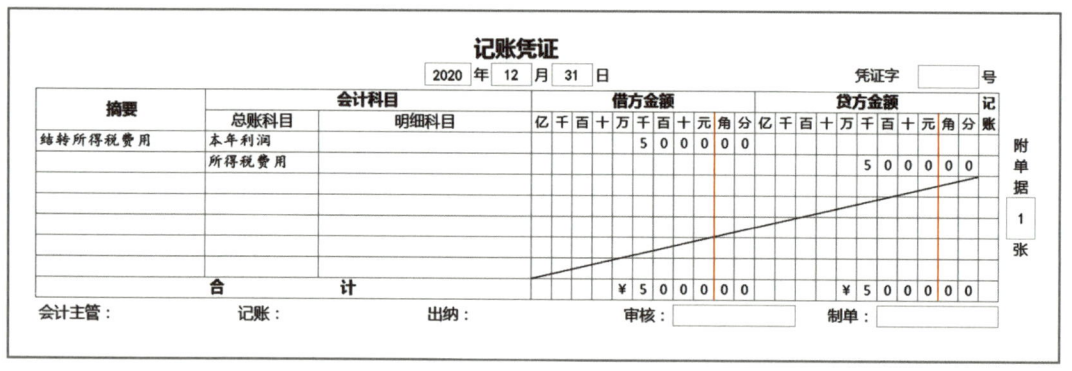

图 4-60　记账凭证填制

三、利润分配

　　利润分配是指企业根据国家有关规定和企业章程、投资者协议等,对企业当年可供分配利润指定其特定用途和分配给投资者的行为。利润分配的过程和结果不仅关系到每个股东的合法权益是否得到保障,而且还关系到企业的未来发展。

　　企业向投资者分配利润,应按一定的顺序进行。按照我国《公司法》的有关规定,利润分配应按下列顺序进行。

1. 计算可供分配的利润

企业在利润分配前,应根据本年净利润(或亏损)、年初未分配利润(或亏损)以及其他转入的金额(如盈余公积补亏)等项目,计算可供分配的利润,即:

可供分配的利润=净利润(或亏损)+年初未分配利润–弥补以前年度的亏损+其他转入的金额

如果可供分配的利润为负数(即累计亏损),则不能进行后续分配;如果可供分配利润为正数(即累计盈利),则可进行后续分配。

2. 提取法定盈余公积

按照《公司法》的有关规定,公司应当按照当年净利润(递减年初累计亏损后)的 10% 提取法定盈余公积,提取的法定盈余公积累计额超过注册资本 50% 以上的,可以不再提取。

3. 提取任意盈余公积

公司提取法定盈余公积后,经股东会或者股东大会决议,还可以从净利润中提取任意盈余公积。提取任意盈余公积的基数和提取法定盈余公积的基数相同。

4. 向投资者分配利润(或股利)

企业可供分配的利润扣除提取的盈余公积后,形成可供投资者分配的利润,即:

可供投资者分配的利润=可供分配的利润–提取的盈余公积

企业可采用现金股利、股票股利和财产股利等形式向投资者分配利润(或股利)。

四、利润分配的账务处理

1. 账户设置

企业通常设置以下账户对利润分配业务进行会计核算:

(1)"利润分配"账户。

(2)"盈余公积"账户。

(3)"应付股利"账户 。

2. 常见经济业务账务处理模型(表4-36)

表4-36 常见经济业务账务处理模型

将本年利润转入利润分配——未分配利润	借:本年利润
	  贷:利润分配——未分配利润
		【例题 35】2021 年 12 月 31 日,甲公司将本年实现的净利润 894 525 元转入"利润分配"账户。编制会计分录如下:
		借:本年利润 894 525
		  贷:利润分配——未分配利润 894 525

（续表）

提取法定盈余公积	借:利润分配——提取法定盈余公积 　贷:盈余公积——法定盈余公积	【例题36】甲公司股东会决定按净利润的10%提取法定盈余公积89 452.50元。编制如下会计分录: 　借:利润分配——提取法定盈余公积 　　　　　　　　　　　　89 452.50 　　贷:盈余公积——法定盈余公积　　89 452.50
提取任意盈余公积	借:利润分配——提取任意盈余公积 　贷:盈余公积——任意盈余公积	【例题37】甲公司股东会决定按净利润的10%提取任意盈余公积89 452.50元。编制如下会计分录: 　借:利润分配——提取任意盈余公积 　　　　　　　　　　　　89 452.50 　　贷:盈余公积——任意盈余公积　　89 452.50
宣告发放现金股利	借:利润分配——应付现金股利 　贷:应付股利	【例题38】甲公司股东会同时决定向投资者分配利润500 000.00元。编制如下会计分录: 　借:利润分配——应付现金股利　500 000.00 　　贷:应付股利　　　　　　　　　500 000.00
将"利润分配"账户下其他明细科目转到"利润分配——未分配利润"账户	借:利润分配——未分配利润 　贷:利润分配——提取法定盈余公积 　　　利润分配——提取任意盈余公积 　　　利润分配——应付现金股利	【例题39】利润分配结束后,将"利润分配"账户下其他明细账户的余额结清,转入"利润分配——未分配利润"明细账户。编制如下会计分录: 　借:利润分配——未分配利润　678 905.00 　　贷:利润分配——提取法定盈余公积　89 452.50 　　　　　　　——提取任意盈余公积　89 452.50 　　　　　　　——应付现金股利　　500 000.00

3.实务操作

【实务情景 23】

★经济业务涉及的原始凭证(附件1张,本年利润结账计算表)(图4-61)

本年利润结账计算表

2020 年 12 月 31 日　　　　　　　　　　　单位:元

项　目	行　次	金　额
本年实现利润总额	①	386 751.68
减:企业所得税	②	19 337.58
本年实现税后利润	③ = ① - ②	367 414.10

审核人：王峰　　　　制表人：吴霞

图 4-61　经济业务涉及的原始凭证

★经济业务描述

2020 年 12 月 31 日,结转本年利润。

★账务处理分析(表 4-37)

表 4-37　账务处理分析

定科目	本年利润	利润分配
找类别	所有者权益类	所有者权益类
定方向	↓借	↑贷
定金额	367 414.10	367 414.10
做分录	借:本年利润　　　　　　　　　　　　　　　　367 414.10 贷:利润分配——未分配利润　　　　　　　　　　　367 414.10	

★记账凭证填制(图 4-62)

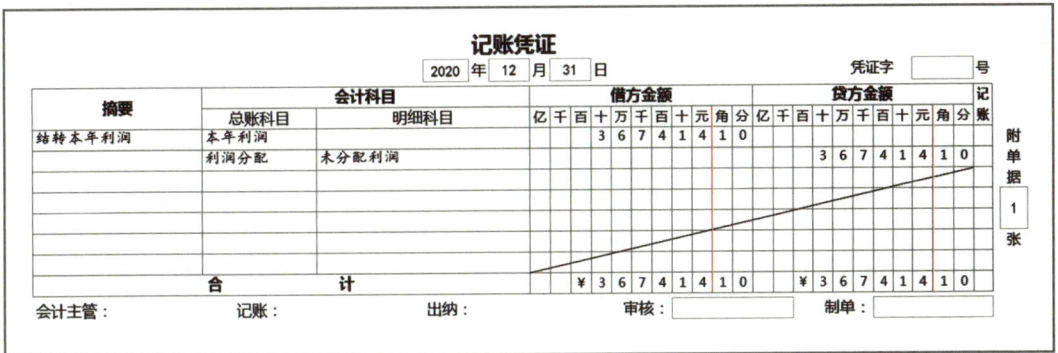

图 4-62　记账凭证填制

【实务情景 24】

★经济业务涉及的原始凭证(附件 1 张,税后利润分配表)(图 4-63)

税后利润分配表

2020 年 12 月 31 日　　　　　　　　　　单位:元

项　目	计提基数	计提比例	计提金额
提取法定盈余公积		10%	36 741.41
提取任意盈余公积	367 414.10	5%	18 370.71
投资者分红　吴军		5%	18 370.71
合　计	367 414.10	20%	73 482.83

审核人:王峰　　　制表人:吴霞

图 4-63　经济业务涉及的原始凭证

★经济业务描述

2020年12月31日,按净利润的10%提取法定盈余公积,按净利润的5%提取任意盈余公积,并按净利润的5%给股东发放股利。

★账务处理分析(表4-38,表4-39)

表4-38　账务处理分析1

定科目	利润分配	盈余公积
找类别	所有者权益类	所有者权益类
定方向	↓借	↑贷
定金额	55 112.12	55 112.12
做分录	借:利润分配——提取法定盈余公积　　　　　　　　　　　36 741.41 　　　　　　——提取任意盈余公积　　　　　　　　　　　18 370.71 　　贷:盈余公积——法定盈余公积　　　　　　　　　　　　　　　　　36 741.41 　　　　　　　　——任意盈余公积　　　　　　　　　　　　　　　　　18 370.71	

表4-39　账务处理分析2

定科目	利润分配	应付股利
找类别	所有者权益类	负债类
定方向	↓借	↑贷
定金额	18 370.71	18 370.71
做分录	借:利润分配——应付现金股利　　　　　　　　　　　　18 370.71 　　贷:应付股利　　　　　　　　　　　　　　　　　　　　　　　　18 370.71	

★记账凭证填制(图4-64)

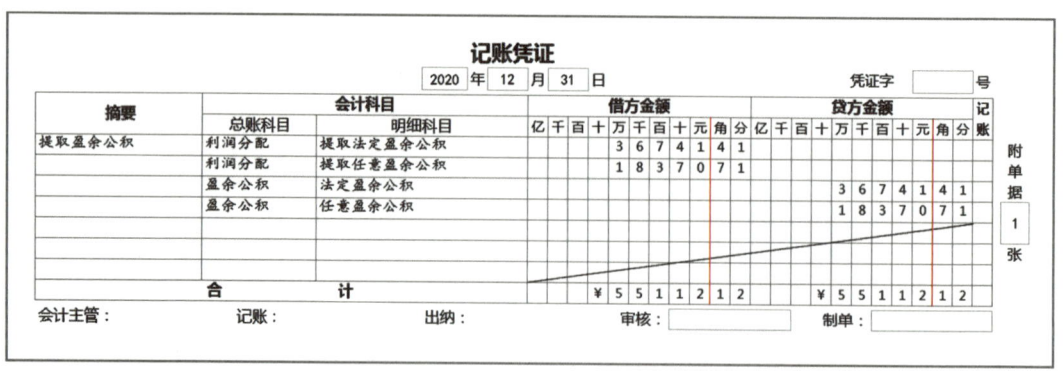

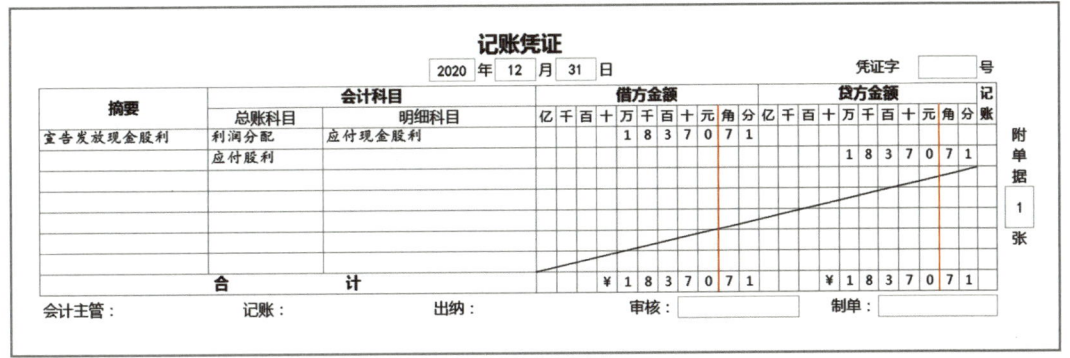

图 4-64　记账凭证填制

【实务情景 25】

★经济业务涉及的原始凭证(附件 1 张,利润分配明细科目结转表)(图 4-65)

利润分配明细科目结转表

2020 年 12 月 31 日　　　　　　　单位:元

利润分配明细科目	行　　次	金　　额
提取法定盈余公积	①	36 741.41
提取任意盈余公积	②	18 370.71
应付现金股利	③	18 370.71
合　　计		73 482.83

审核人:王峰　　制表人:吴霞

图 4-65　经济业务涉及的原始凭证

★经济业务描述

2020 年 12 月 31 日,结转利润分配各明细科目。

★账务处理分析(表 4-40)

表 4-40　账务处理分析

定科目	利润分配	利润分配
找类别	所有者权益类	所有者权益类
定方向	↓借	↑贷
定金额	73 482.83	73 482.83
做分录	借:利润分配——未分配利润　　　　　　　　　　　　73 482.83 　贷:利润分配——提取法定盈余公积　　　　　　　　　　　36 741.41 　　　　　——提取任意盈余公积　　　　　　　　　　　18 370.71 　　　　　——应付现金股利　　　　　　　　　　　18 370.71	

★记账凭证填制(图4-66)

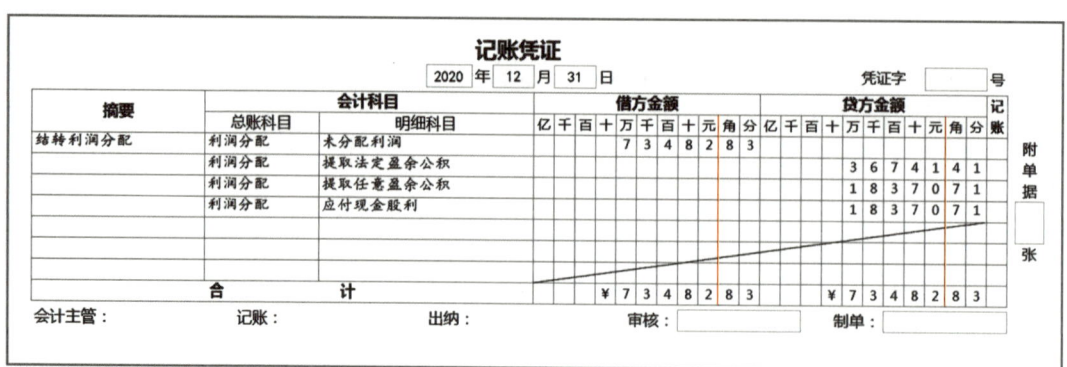

摘要	会计科目		借方金额											贷方金额											记账
	总账科目	明细科目	亿	千	百	十	万	千	百	十	元	角	分	亿	千	百	十	万	千	百	十	元	角	分	
结转利润分配	利润分配	未分配利润					7	3	4	8	2	8	3												
	利润分配	提取法定盈余公积																	3	6	7	4	1	4	1
	利润分配	提取任意盈余公积																	1	8	3	7	0	7	1
	利润分配	应付现金股利																	1	8	3	7	0	7	1
合	计		¥	7	3	4	8	2	8	3				¥	7	3	4	8	2	8	3				

会计主管: 　　记账: 　　出纳: 　　审核: 　　制单:

图4-66 记账凭证填制

4.利润分配账务处理流程(图4-67)

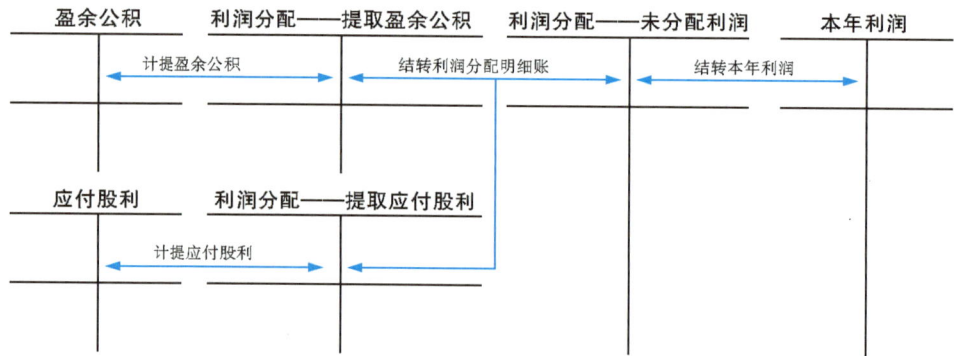

图4-67 利润分配账务处理流程

零基础会计学习素材

附录一

常见会计科目归纳表

序号	科目编号	科目名称及类别	核算内容
1		一、资产类	借+,贷-,余额在借方(＊备抵账户正相反)
2	1001	库存现金	指企业为了满足经营过程中零星支付需要而保留的现金
3	1002	银行存款	指企业存入银行或其他金融机构的各种款项
4	1012	其他货币资金	指企业的银行汇票存款、银行本票存款、信用卡存款、信用证保证金存款、存出投资款、外埠存款等其他货币资金
5	1121	应收票据	指企业因销售商品、提供劳务等而收到的商业汇票,包括银行承兑汇票和商业承兑汇票
6	1122	应收账款	指企业因销售商品、提供劳务等经营活动发生的应收未收到的销货款
7	1123	预付账款	指企业按照合同规定预先支付给供货单位的购货款或定金。预付款项情况不多的,也可以不设置本科目,将预付的款项直接记入"应付账款"科目
8	1221	其他应收款	指企业除存出保证金、买入返售金融资产、应收票据、应收账款、预付账款等以外的其他各种应收未收款项,如职工预借款,单位与个人之间的应收款
9	1231	坏账准备＊	指企业按会计谨慎性原则计提的应收款项的风险准备金,核算收不回的坏账损失
10	1401	材料采购	指企业采用计划成本进行材料日常核算而购入材料的采购成本
11	1402	在途物资	指企业采用实际成本进行材料、商品等物资的日常核算、货款已付尚未验收入库的在途物资的采购成本

（续表）

序号	科目编号	科目名称及类别	核算内容
12	1403	原材料	指企业为产品生产储备的构成产品实体的生产材料,包括主要材料、辅助材料、燃料等
13	1411	周转材料	指企业能够多次使用、逐渐转移其价值但仍保持原有形态,不确认固定资产的材料,主要指包装物、低值易耗品
14	1405	库存商品	指企业库存的待销售商品物资的实际成本或计划成本
15	1605	工程物资	指企业为工程建造准备的各种物资的成本,包括工程用材料、尚未安装的设备以及为生产准备的工器具等
16	1604	在建工程	指企业基建、更新改造等在建工程发生的支出
17	1601	固定资产	指为生产产品、提供劳务、出租或经营管理持有的,使用期限在一年以上,单价在规定限额以上的劳动资料和其他资产的原价
18	1602	累计折旧 *	指企业固定资产在使用过程中所损耗和转移的价值,作为固定资产科目的备抵,基本属性与固定资产相反
19	1606	固定资产清理	指企业因出售、报废、毁损、对外投资等原因转出的固定资产价值以及清理过程中发生的费用
20	1701	无形资产	指企业持有的无物质形态但能给企业带来经济利润的专利技术,非专利技术、商标权、著作权、土地使用权等
21	1702	累计摊销 *	指企业对使用寿命有限的无形资产计提的累计摊销,作为无形资产科目的备抵,基本属性与无形资产相反
22	1801	长期待摊费用	指企业已经支出,但应由本期和以后各期负担的分摊年限在 1 年以上(不含 1 年)的各项费用,包括租入固定资产的改良支出以及摊销期在 1 年以上的固定资产大修理支出等

（续表）

序号	科目编号	科目名称及类别	核算内容
23	1901	待处理财产损溢	指企业在清查财产过程中查明的各种财产盘盈、盘亏和毁损的价值。物资在运输途中发生的非正常短缺与损耗，也通过本科目核算
24		二、负债类	借-，贷+，余额在贷方
25	2001	短期借款	指企业向银行或其他金融机构等借入的期限在1年以下（含1年）的借款
26	2501	长期借款	指企业向银行或其他金融机构借入的期限在1年以上（不含1年）的各项借款
27	2201	应付票据	指企业购买材料、商品和接受劳务供应等开出、承兑的商业汇票，包括银行承兑汇票和商业承兑汇票
28	2202	应付账款	指企业因购买材料、商品和接受劳务等经营活动应付未付的款项
29	2203	预收账款	指企业按照合同规定预先收取购货单位的购货款或定金。预收款项情况不多的，也可以不设置本科目，将预收的款项直接记入"应收账款"科目
30	2231	应付利息	指企业所取得的各项借款应按照合同约定应支付的利息
31	2232	应付股利	指企业分配的现金股利或利润
32	2211	应付职工薪酬	指企业根据有关规定应付给职工的各种薪酬。本科目可按"工资""职工福利""社会保险费""住房公积金""工会经费""职工教育经费""非货币性福利""辞退福利""股份支付"等进行明细核算
33	2221	应交税费	指企业按照税法等规定计算应交纳的各种税费，主要包括增值税、消费税、城市建设维护税、教育费附加、所得税等

附录一

（续表）

序号	科目编号	科目名称及类别	核算内容
34	2241	其他应付款	指企业除应付票据、应付账款、预收账款、应付职工薪酬等以外的其他各项应付未付、暂收的款项,如暂收的押金,单位与个人之间的应付款
35	2701	长期应付款	指除了长期借款和应付债券以外的其他长期应付款,包括应付融资租入固定资产的租赁费、以分期付款方式购入固定资产等发生的应付款项等
36		**三、所有者权益类**	**借−、贷+,余额在贷方**
37	3001	实收资本	指企业按照章程或合同、协议的约定,接受投资者投入的实收资本。股份有限公司应将本科目改为"股本"
38	3002	资本公积	指企业收到投资者出资额超出其在注册资本或股本中所占份额的部分
39	3101	盈余公积	指企业从净利润中提取的盈余公积
40	3103	本年利润	指企业当期实现的净利润(或发生的净亏损)
41	3104	利润分配	指企业利润的分配(或亏损的弥补)和历年分配(或弥补)后的余额
42		**四、成本类**	**借+,贷−,余额在借方**
43	4001	生产成本	指企业进行工业性生产发生的各项生产成本,一般指生产车间直接用于产品生产的费用支出,包括直接材料、直接人工、制造费用(间接制造费用分配过来的成本);期末有余额,反映企业尚未加工完成的在产品的成本
44	4101	制造费用	指企业生产车间为生产产品而发生的各项间接费用,包括车间的折旧费、水电费、办公费、机物料消耗等
45		**五、损益类**	**收入类:借−、贷+,一般无余额　费用类:借+、贷−,一般无余额**

附录一

（续表）

序号	科目编号	科目名称及类别	核算内容
46	5001	主营业务收入	指企业在销售商品、提供劳务以及让渡资产使用权等日常活动中所取得的主营业务的收入
47	5051	其他业务收入	指企业确认的除主营业务活动以外的其他经营活动实现的收入，包括出租固定资产、出租无形资产、出租包装物和商品、销售材料等实现的收入
48	5301	营业外收入	指企业发生的非生产经营产生或发生的各种收益，包括非流动资产处置利得、捐赠利得、罚没收入等
49	5111	投资收益	指企业确认的投资收益或投资损失
50	5401	主营业务成本	指企业从事主营销售活动、提供劳务所发生的成本耗费
51	5402	其他业务成本	指企业确认的除主营业务活动以外的其他经营活动所发生的成本耗费
52	5601	销售费用	指企业在销售过程中发生的各项费用以及为销售本企业商品而专设的销售机构经费，如展销费、包装费、宣传广告费、运输费、装卸费、委托代销手续费等费用
53	5602	管理费用	指企业在筹建期间发生的开办费，包括人员工资、办公费、培训费、差旅费、印刷费、注册登记费等。企业为组织和管理企业生产经营所发生的管理费用，如工资、福利费、办公费、招待费、车辆费、差旅费、招待费、行政管理部门固定资产的折旧及无形资产的摊销
54	5603	财务费用	指企业为生产经营而筹集资金或运用资金所发生的各项费用，包括利息支出（减利息收入）、汇兑损益以及相关的手续费、银行账户管理费、企业发生或收到的现金折扣等

（续表）

序号	科目编号	科目名称及类别	核算内容
55	5403	税金及附加	指企业日常经营活动应负担的税金及附加费用,包括消费税、城市维护建设税、资源税和教育费附加等相关税费
56	5801	所得税费用	指企业确认的应从当期利润总额中扣除的所得税费用
57	5701	资产减值损失	企业因计提各项资产减值准备所形成的损失
58	5711	营业外支出	指企业生产经营无直接关系的各项营业外支出,包括非流动资产处置损失、公益性捐赠支出、非常损失、盘亏损失等
59	5901	以前年度损益调整	指企业本年度发生的调整以前年度损益的事项以及本年度发现的重要前期差错更正涉及调整以前年度损益的事项。调整科目也属于损益类科目,但由于其核算的是以前年度的损益调整,而不是当年的损益。因此,根据会计准则的规定,该科目余额,在期末不能结转至本年利润,而应当转入利润分配科目。结转后,该科目期末没有余额

常见会计科目明细账设置规范一览表

序号	科目	明细	核算内容
1	管理费用	职工薪酬	核算行政管理人员工资、资金及为行政区域服务的临时工工资,包括加班、值班工资
2	管理费用	职工福利费	核算后勤部门福利费用(含食堂、医务室)、体检费、所有医疗性支出、节假日发放的职工福利、困难职工补助、降温费、烤火费等所有与职工福利相关的费用;它还包括每月公司按一定比例计提的职工福利基金。对于单位自设食堂的有关食堂开支可以单独下设"管理费用——食堂伙食费"核算
3	管理费用	职工教育经费	核算行政管理部门员工各项职业技能培训和继续教育培训费用,包括培训外出期间的差旅等各项费用
4	管理费用	工会经费	核算工会组织活动发生的相关费用,包括工会人员的办公费、差旅费等支出,包括每月公司按一定比例上缴的工会经费
5	管理费用	社会保险费	核算按一定工资比例交纳的养老保险、医疗保险、工伤保险、生育保险、住房公积金等费用
6	管理费用	开办费	对公司在筹建期间所发生的办证费用、刻章费用等开办费的摊销
7	管理费用	业务招待费	核算企业为了购销活动而支付的业务应酬费,包含招待用的餐费、烟酒费、购物卡等各种形式费用
8	管理费用	办公费	核算管理部门购买的办公用品及为新员工购买的小件办公用品,以及打印机耗材、复印纸、书报费、印刷费、复印费等费用,税控设备服务费等
9	管理费用	消耗用品费	核算企业购买的茶叶、纸杯、纯净水、矿泉水、纸巾以及洗手间用的洗手液、消毒液、手纸等费用
10	管理费用	修理费	核算企业包含电脑、空调、打印机、复印机、传真机等的修理安装费、硬件升级费,办公楼和宿舍装修费,其他营业部门办公用品移动和安装费等,但不包括公司生产的产品的修理费
11	管理费用	差旅费	核算行政管理部门员工因工作外出期间发生的住宿费、交通费、伙食补贴、其他相关的费用
12	管理费用	通信费	核算企业固定电话及移动电话、网络费用、信件及快递费用,如果快递费较多也可以单独设置快递费核算
13	管理费用	会议费	核算企业加入政府或社会某协会的会费和活动费
14	管理费用	车辆费	核算企业行政管理部门使用车辆所发生的费用,包括汽油费、过桥过路费、修理装饰费、停车费、交通违章罚款以及车辆年审和驾驶员证件审查费用等

（续表）

序号	科目	明　细	核算内容
15	管理费用	交通费	核算企业行政管理部门市内发生的公交费、的士费、运费等
16	管理费用	中介服务费	核算企业委托中介机构发生的审计费、评估费、诉讼费、法律顾问费、人事档案代理费用等
17	管理费用	保险费	核算企业所投的财产保险费以及企业行政管理部门使用车辆的车辆保险费等
18	管理费用	租赁费	核算企业行政管理部门发生食堂房租、会议室租赁费,职工宿舍房租及其他的管理部门使用场地时发生的场地费用
19	管理费用	水电费	核算企业行政管理部门发生的用水、用电的费用
20	管理费用	研发开发费	核算企业单独对研究开发所发生费用的工资、办公费、教育培训费、修理费、招待费、活动经费、市内交通费、差旅费等费用开支的核算
21	管理费用	董事会费	核算需要对董事会开支单独核算的企业,董事会成员(主要指董事长、总经理、常务副总)组织活动所发生的费用招待餐费、会议费、差旅费等费用(一般中小型企业不单独设置)
22	管理费用	折旧费	核算企业行政管理部门使用的固定资产所计提的折旧
23	管理费用	无形资产摊销	核算企业所拥有的无形资产分期摊销,结转费用
24	管理费用	低值易耗品摊销	核算企业用于管理部的"低值易耗品"结转费用
25	管理费用	长期待摊费用	核算企业对分摊期限在一年以上的各项费用在费用项目的受益期限内公期平均摊销,包括按大修理间隔期平均摊销的固定资产大修理支出、在租赁期限与租赁资产尚可使用年限两者孰短的期限内平均摊销的租入固定资产改良支出以及在受益期内平均摊销的其他长期待摊费用的摊销
26	管理费用	其他费用	核算企业不包括在以上各项之内又应列入管理费用的费用
27	销售费用	职工薪酬	核算销售部门人员工资、奖金,含销售部门及售后服务部门及外地销售网点、售后网点人员工资,包括加班、值班工资、其他为销售服务的临时工工资
28	销售费用	职工福利费	核算销售部门福利费、体检费、所有医疗性支出、节假日发放的职工福利等所有与职工福利相关的费用
29	销售费用	投标费	核算企业应招标人的邀请或主动申请,按照招标的要求和条件,在规定的时间内向招标人报价所发生的直接费用,包括资料印刷、包装和邮寄等费用
30	销售费用	广告费	核算企业各种为宣传、促销产品而发生的费用,另包括各种展会而发生的会费及其他服务费用
31	销售费用	包装费	核算企业为销售产品而直接发生的包装货物的费用

（续表）

序号	科目	明　细	核算内容
32	销售费用	宣传展览费	核算企业销售部门为开展促销或宣传产品等举办展览、展销会所支出的各项具有公共性质的费用,包括:资料费、礼品费及其他相关的开支
33	销售费用	调试费	核算企业为销售企业产品而发生的直接调试费用
34	销售费用	销售运费	核算企业通过各种途径发生的为产品销售而产生的国内、国际运费
35	销售费用	装卸费	核算企业销售部门为销售产品而直接发生的装卸搬运货物的费用
36	销售费用	仓储费	核算企业为储存或持有销售货物而支付的临时储存费用,由于租赁仓库而发生的费用,在"租赁费"子目核算
37	销售费用	差旅费	核算销售部门员工因工作外出期间发生住宿费、交通费、伙食补贴、其他相关的费用
38	销售费用	水电费	核算企业销售管理部门发生的用水、用电的费用
39	销售费用	销售服务费	核算企业按销售额或生效合同额的一定比例支付给销售人员的业务包干酬金、业务提成、佣金或支付销售人员的业务费用
40	销售费用	保险费	核算企业为直接销售货物而发生的产品保险费用
41	销售费用	通关费用	核算企业销售产品通过海关监管,经过申报、查验、放行、结关的手续产生的费用,包括:通关费、商检费、其他海关费用
42	销售费用	折旧费	核算企业销售部门使用的固定资产所计提的折旧
43	销售费用	其他费用	核算企业不包括在以上各项之内又应列入销售费用的费用
44	财务费用	手续费	核算企业在银行金融机构发生的账户管理费、银行取款、汇款手续费、银行票据工本费等费用
45	财务费用	利息支出	核算企业在银行金融机构各项借款发生的利息支出
46	财务费用	利息收入	核算企业在银行金融机构各项存款发生的利息收入,一般以红字在"财务费用——利息收入"借方表示
47	财务费用	汇兑损益	核算企业外汇兑换发生的损益
48	财务费用	销货折扣	核算企业销售过程发生的现金折扣
49	制造费用	职工薪酬	核算生产部门管理人员工资、奖金及加班、值班工资
50	制造费用	职工福利费	核算生产部门职工节日礼金,慰问金;节日发放的福利用品
51	制造费用	机物料消耗	核算生产部门车间加工产品所需共用的零配件、辅料
52	制造费用	修理费	核算生产部门机器设备修理维护费、办公设备修理安装费等
53	制造费用	办公费	核算生产车间日常办公用品费、书报费、印刷费(如产品标签)

附录一

序号	科目	明 细	核算内容
54	制造费用	租赁费	核算生产部门租用厂房、仓库、机器设备等发生的费用
55	制造费用	采购运费	核算企业购买原材料、辅料所发生的国内、国际运费（包括海运费、空运费、陆运费等），本企业为了简化核算，不分是否能直接记入采购成本，统一记入"制造费用——采购运费"科目，于月末统一结转分配
56	制造费用	保险费	指生产部门的正常职工保险和购买货物的保险费，生产部门使用机器设备的保险费以及车辆保险等
57	制造费用	差旅费	核算生产部门员工因工作外出期间发生的住宿费、交通费、伙食补贴、其他相关的费用
58	制造费用	劳动保护费	核算企业为生产部门职工购买劳保用品所发生的费用
59	制造费用	水电费	核算生产车间水电消耗费用
60	制造费用	外部加工费	核算企业支付厂外的零件、在产品发生的各种加工费、劳务费
61	制造费用	设计制图费	核算生产车间新品加工制图、试验费等
62	制造费用	折旧费	核算生产部及车间管理部门、动力及机修车间使用的机器设备等固定资产每月底计提的折旧费用
63	制造费用	停工费	核算生产车间或某个班组在停工期间发生的各项费用，包括停工期间发生的原材料费用、工资及福利费和制造费用
64	制造费用	其他费用	核算企业不包括在以上各项之内又应列入制造费用的费用
68	生产成本——xx 产品	直接材料	核算产品生产过程中，形成产品的各种原材料；本科目中的材料，主要指直接发放到产品上的各种材料
69		直接人工	核算直接参加产品生产的员工的工资、绩效工资、各种补贴及津贴
70		制造费用	核算从当月"制造费用"科目余额中转入的成本
71	原材料	原料及主要材料	
		辅助材料	
		自制半成品	
		外购半成品	
		修理用备件	
		包装材料	
		燃料	
		其他	

（续表）

序号	科目	明　　细	核算内容
72	固定资产	房屋建筑物类	
		生产机器设备类	
		办公电子设备类	
		运输设备类	
		家具用具类	
增值税小规模纳税人应交增值税明细科目设置			
73	应交税费	应交增值税	
增值税一般纳税人应交增值税明细科目设置			
74	应交税费	应交增值税	进项税额
75	应交税费	应交增值税	已交税费
76	应交税费	应交增值税	减免税款
77	应交税费	应交增值税	出口抵减内销产品应纳税额
78	应交税费	应交增值税	转出未交增值税
79	应交税费	应交增值税	销项税额
80	应交税费	应交增值税	出口退税
81	应交税费	应交增值税	进项税额转出
82	应交税费	应交增值税	转出多交增值税
83	应交税费	未交增值税	
84	应交税费	简易计税	
85	应交税费	增值税留抵税额	
86	应交税费	待抵扣进项税额	
87	应交税费	待认证进项税额	
88	应交税费	待转销项税额	
89	应交税费	预交增值税	
90	应交税费	转让金融商品应交增值税	
91	应交税费	增值税检查调整	
92	应交税费	代扣代交增值税	

增值税账务处理会计分录归纳

购销业务增值税涉税账务处理归纳

业务	购进	销售
不考虑增值税	借:原材料/库存商品 　　贷:银行存款/应付账款	借:银行存款/应收账款 　　贷:主营业务收入
小规模纳税人	增值税(普通发票) 金额　　税率　　税额　　发票联 10 000　　3%　　300 价税合计　¥10 300 借:原材料/库存商品　　10 300 　　贷:银行存款/应付账款　　10 300	增值税(普通发票) 金额　　税率　　税额　　记账联 12 000　　3%　　360 价税合计　¥12 360 借:银行存款/应收账款　　12 360 　　贷:主营业务收入　　12 000 　　　　应交税费——应交增值税　　360
	应纳增值税=不含税销售额×征收率=12 000×3%=360	
一般纳税人	增值税(专用发票) 金额　　税率　　税额　　发票联 10 000　　13%　　1 300 价税合计　¥11 300 借:原材料/库存商品　　10 000 　　应交税费——应交增值税(进项税额) 　　　　　　　　　　　　1 300 　　贷:银行存款/应付账款　　11 300	增值税(专用发票) 金额　　税率　　税额　　记账联 15 000　　13%　　1 950 价税合计　¥16 950 借:银行存款/应收账款　　16 950 　　贷:主营业务收入　　15 000 　　　　应交税费——应交增值税(销项税额)　　1 950
	应纳增值税=销项税额-进项税额=1 950-1 300=650	

一、增值税一般纳税人

当月发生进项税额业务

工业企业	商业企业
借:原材料——A材料 　　应交税费——应交增值税(进项税额) 　　贷:银行存款/应付账款/应付票据等	借:库存商品——甲产品 　　应交税费——应交增值税(进项税额) 　　贷:银行存款/应付账款/应付票据等

当月发生销项税额业务

反映主营业务收入	反映其他业务收入
借:银行存款/应收账款/应收票据 　贷:主营业务收入 　　　应交税费——应交增值税(销项税额)	借:银行存款/应收账款/应收票据 　贷:其他业务收入 　　　应交税费——增值税(销项税额)

期末结转增值税

(1)期末进项大于销项,留抵增值税可以不做账务处理

(2)期末进项小于销项,应纳增值税,需要做结转未交增值税账务处理
　　借:应交税费——应交增值税(转出未交增值税)
　　　贷:应交税费——未交增值税

下月初缴纳未交增值税

借:应交税费——未交增值税
　贷:银行存款

二、增值税小规模纳税人

当月购进业务(不存在进项税额)

工业企业	商业企业
借:原材料——A 材料(含税金额) 　贷:银行存款/应付账款/应付票据等	借:库存商品——甲产品(含税金额) 　贷:银行存款/应付账款/应付票据等

当月发生增值税业务

自开普通发票的主营业务收入	代开专用发票的主营业务收入
借:银行存款/应收账款/应收票据 　贷:主营业务收入 　　　应交税费——应交增值税	(1)代开专用发票收入 　　借:银行存款/应收账款/应收票据 　　　贷:主营业务收入 　　　　　应交税费——应交增值税 (2)代开发票扣缴增值税 　　借:应交税费——应交增值税 　　　贷:银行存款

符合小规模纳税人免增值税
(按月申报销售额不超过 15 万元,按季申报销售额不超过 45 万元)

借:应交税费——应交增值税
　贷:营业外收入——税额减免

下月初缴纳未交增值税

借:应交税费——应交增值税
　贷:银行存款

零基础会计练习题

会计科目解释及运用专项训练（110 套题）

一、资产类会计科目解释及运用专项训练

（1）"钱3"——库存现金、银行存款、其他货币资金[业务1至业务4]。

业务1：从银行提取现金2 000元，以备零星开支。

业务2：总经理报销差旅费用5 000元以现金支付。

业务3：将现金6 000元存入银行。

业务4：通过银行转账办理银行汇票存款150 000元。

（2）"应收7"——应收票据、应收账款、其他应收款、应收利息、应收股利、预付账款、坏账准备等[业务5至业务14]。

业务5：销售甲产品一批给红星公司，实现收入10 000元，货已发出，收到红星公司开出并承兑的商业承兑汇票一张，金额为10 000元（假设不考虑增值税）。

业务6：销售乙产品一批给宏达公司，实现收入20 000元，货已发出，款项尚未收到（假设不考虑增值税）。

业务7：收到宏达公司归还的货款10 000元存入银行。

业务8：按合同规定通过银行存款预付200 000元给利达公司，以购买A材料。

业务9：收到利达公司发来的A材料280 000元，材料已收到并验收入库（假设不考虑增值税）。

业务10：通过银行转账，将80 000元货款补付给利达公司。

业务11：办公室主任张新平出差借支差旅费8 000元，以现金付讫。

业务12：办公室主任张新平出差归来报销差旅费6 000元，报销差旅费后，归还多余借款现金2 000元。

业务13：应收账款余额为400 000元，坏账损失率为6%，按余额百分比法，计提坏账准备24 000元。

业务14：公司发生坏账损失10 000元。

（3）"物12"——材料采购、在途物资、原材料、周转材料、库存商品、存货跌价准备、工程物资、在建工程、固定资产、累计折旧、固定资产减值准备、固定资产清理等[业务15至业务25]。

业务 15：采用汇兑结算方式向丙工厂购入 B 材料一批，金额 50 000 元，款项已支付，材料尚未到达。

业务 16：该企业购入的 B 材料已收到，并验收入库。

业务 17：从乙企业购入 A 材料一批，金额 60 000 元，款项已用转账支票付讫，材料已验收入库。

业务 18：生产车间领用材料 250 000 元，车间管理部门领用原材料 20 000 元，行政管理部门领用原材料 16 000 元。

业务 19：根据"商品入库汇总表"和甲、乙产品"完工成本计算表"结转完工产品成本，甲产品 200 台，实际单位成本 500 元，合计 100 000 元，乙产品 1 000 台，实际单位成本 100 元，合计 100 000 元。

业务 20：根据"出库汇总表"和甲、乙产品"销售成本计算表"结转销售产品成本，本月共销售甲产品 65 件，加权平均单价 230 元，销售成本 14 950 元；销售乙产品 50 件，加权平均单价 360 元，销售成本 18 000 元。

业务 21：从百信公司购入一台不需要安装就可以投入使用的生产设备，金额 100 000 元，款项已用银行存款支付。

业务 22：从太平公司购入一台需要安装的生产用的 B 设备，金额 200 000 元，款项已用银行存款支付。

业务 23：以银行存款支付安装 B 设备的安装费 10 000 元。

业务 24：B 设备安装完毕，结转固定资产 B 设备成本 210 000 元。

业务 25：计提固定资产折旧 20 000 元，其中基本生产车间 10 000 元，管理部门 6 000 元，销售部门 4 000 元。

（4）"其他 4"——待处理财产损溢、长期待摊费用、无形资产、累计摊销等［业务 26 至业务 31］。

业务 26：从金蝶公司购买财务软件一套，金额 120 000 元，款项已用银行存款支付。

业务 27：计提管理部门使用的无形资产摊销金额 10 000 元。

业务 28：通过银行转账支付 3 年期间房屋租金 360 000 元。

业务 29：摊销本月房屋租金 10 000 元。

业务 30：月末盘点现金，现金短缺 200 元。

业务 31：短缺现金 200 元，经查明原因由出纳李红赔偿。

二、负债类会计科目解释及运用专项训练

（1）"借款 2"——短期借款、长期借款[业务 32 至业务 35]。

业务 32：借入一笔期限为 6 个月的借款 120 000 元存入银行。

业务 33：以银行存款归还短期借款 120 000 元。

业务 34：借入一笔期限为 3 年的借款 200 000 元存入银行。

业务 35：以银行存款归还长期借款 200 000 元。

（2）"应付 9"——应付票据、应付账款、其他应付款、应付利息、应付股利、预收账款、应付职工薪酬、应交税费、长期应付款等[业务 36 至业务 54]。

业务 36：从高斯公司购入 A 材料一批，金额 10 000 元，材料已运到并验收入库，开具银行承兑汇票一张，金额 10 000 元。（假设不考虑增值税）。

业务 37：从丁企业购入 A 材料一批，金额 20 000 元，材料已运到并验收入库，款项尚未支付。（假设不考虑增值税）。

业务 38：以银行存款支付前欠丁企业购料款 20 000 元。

业务 39：收到股东李强垫付款 10 000 元，款项通过银行收到。

业务 40：归还李强垫付款 10 000 元，款项通过银行付讫。

业务 41：企业按合同规定预收华雪公司购货款 20 000 元，存入银行。

业务 42：企业按合同规定向华雪公司发出乙产品一批，实现收入 15 000 元，货物已经发出，款项冲销预收的款项。（假设不考虑增值税）。

业务 43：结算预收款项余额，把多余 5 000 元预收的货款通过银行转账退回华雪公司。

业务 44：根据"工资费用分配表"，计提应付工资 185 000 元，其中：车间生产工人工资 150 000 元，车间管理人员工资 20 000 元，厂部行政管理人员工资 15 000 元。

业务 45：从银行提取现金 185 000 元，以备发放工资。

业务 46：以现金发放上月工资 185 000 元。

业务 47：从大河公司购入一批 A 材料，货款 10 000 元，增值税进项税额 1 300 元，材料已经验收入库，款项 11 300 元以银行存款支付。

业务 48：销售甲产品一批给江南公司，不含税收入 15 000 元，增值税销项税额 1 950 元，款项 16 950 元已收到并存入银行。

业务 49：月末，计算并结转本月未交增值税 650 元。

业务 50：下月初通过银行存款缴纳上月未交增值税 650 元。

业务 51：月末，以实交增值税 650 元为依据，计提附加税，其中城市维护建设税税率 7％，税额 45.50 元；教育费附加率 3％，税额 19.50 元；地方教育附加率 2％，税额 13 元。

业务 52：下月初通过银行存款缴纳上月应交城市维护建设税 45.50 元；教育费附加 19.50 元；地方教育附加 13 元。

业务 53：计提短期借款本月利息 400 元。

业务 54：通过银行存款支付上月计提的利息 400 元。

三、所有者权益类会计科目解释及运用专项训练

（1）"资本 2"——实收资本、资本公积[业务 55 至业务 60]。

业务 55：通过银行收到股东张红投入的资本金 200 000 元。

业务 56：收到四海公司投入的设备一台，双方经协商确认该设备的现有价值为 300 000 元。

业务 57：收到南方公司投入的 A 材料一批，双方经协商确认该材料价值为 100 000 元。

业务 58：两年后，经批准股东张红退股，按照过去的实际出资将 200 000 元银行存款退还给张红。

业务 59：通过银行收到思远公司投入资本金 300 000 元，但只享有公司注册资本 800 万元的 30％ 的份额 240 000 元。

业务 60：以资本公积 400 000 元转增资本。

（2）"盈余 1"——盈余公积[业务 61 至业务 62]。

业务 61：企业按全年实现的税后利润的 10％ 提取法定盈余公积 100 000 元。

业务 62：以盈余公积 100 000 元转增资本。

（3）"利润 2"——本年利润、利润分配[业务 63 至业务 68]。

业务63：期末结转企业有关损益类账户发生额如下表所示。

损益类账户发生额

费用类账户	借方金额	收入类账户	贷方金额
主营业务成本	148 926	主营业务收入	218 200
其他业务成本	4 500	其他业务收入	6 000
税金及附加	800	营业外收入	12 000
管理费用	34 960	投资收益	8 000
财务费用	1 200		
营业外支出	2 114		
合　　计	192 500	合　　计	244 200

业务64：若盈利,年末将本年收入和支出相抵后结出的本年实现的净利润100 000元,转入
"利润分配"科目。

业务65：若亏损,年末将本年收入和支出相抵后结出的本年实现的净亏损20 000元,转入"利
润分配"科目。

业务66：企业按全年实现的税后利润100 000元的10%,提取法定盈余公积10 000元。

业务67：企业确定向投资者分配利润50 000元。

业务68：年末结转"利润分配"各明细账户,利润分配——提取法定盈余公积10 000元,利润
分配——应付股东股利50 000元。

四、成本类会计科目解释及运用专项训练

（1）"直接1"——生产成本［业务69至业务72］。

业务69：生产车间生产甲产品直接耗用A材料13 000元。

业务70：企业结算,应付生产甲产品工人工资5 000元。

业务71：归集本月制造费用2 550元,月末甲、乙产品生产工时比例分配制造费用(甲产品生
产工时700小时,乙产品生产工时1 000小时),甲产品承担制造费用1 050元,乙产
品承担制造费用1 500元。

业务72：结转完工产品生产成本,甲产品成本30 000元,乙产品成本20 000元。

（2）"间接1"——制造费用［业务73至业务77］。

业务 73：生产车间一般性耗用 A 材料 20 000 元。

业务 74：企业结算,应付生产车间管理人员工资 7 000 元。

业务 75：以银行存款支付生产车间耗用的水电费等间接费用 2 000 元。

业务 76：计提车间固定资产折旧 1 000 元。

业务 77：归集分配制造费用 30 000 元,月末甲、乙产品生产工时比例分配制造费用(甲产品生产工时 400 小时,乙产品生产工时 600 小时),甲产品承担制造费用 12 000 元,乙产品承担制造费用 18 000 元。

五、损益类——收入类会计科目解释及运用专项训练

（1）"收入 3"——主营业务收入、其他业务收入、营业外收入[业务 78 至业务 83]。

业务 78：出售甲产品 500 件,每件售价 200 元,不含税销售收入 100 000 元,增值税税率为 13%,增值税 13 000 元,货物已经发出,款项通过银行收到。

业务 79：将本月主营业务收入发生额 100 000 元,转入本年利润。

业务 80：出售 A 材料一批给田野公司,不含税销售收入 2 000 元,增值税税率为 13%,增值税 260 元,材料已经发出,款项尚未收到。

业务 81：将本月其他业务收入发生额 12 000 元,转入本年利润。

业务 82：收到理想公司,购销合同违约金 4 000 元,存入银行。

业务 83：将本月营业外收入发生额 4 000 元,转入本年利润。

（2）"益 2"——投资收益、公允价值变动损益[业务 84 至业务 85]。

业务 84：接开户银行收款通知,收到被投资企业分得的现金股利 10 000 元。

业务 85：将本月投资收益发生额 10 000 元,转入本年利润。

（3）"成本 2"——主营业务成本、其他业务成本[业务 86 至业务 89]。

业务 86：结转本月销售甲产品的销售成本 90 000 元。

业务 87：将本月主营业务成本发生额 90 000 元,转入本年利润。

业务 88：结转本月销售 A 材料的销售成本 1 800 元;

业务 89：将本月其他业务成本发生额 1 800 元,转入本年利润。

（4）"支出 1"——营业外支出[业务 90 至业务 91]。

业务 90：通过银行支付企业税收滞纳金 3 000 元。

业务 91：将本月营业外支出发生额 3 000 元,转入本年利润。

（5）"附加1"——税金及附加［业务92至业务93］。

业务92：计提应纳城市维护建设税70元，教育费附加30元，地方教育附加20元。

业务93：将本月税金及附加发生额120元，转入本年利润。

（6）"费用4"——管理费用、财务费用、销售费用、所得税费用［业务94至业务110］。

业务94：行政管理部门购买办公用A4打印纸300元，以现金付讫。

业务95：企业结算应付行政管理部门人员工资10 000元。

业务96：以现金支付行政管理部门人员报销差旅费1 200元。

业务97：计提行政管理部门的固定资产折旧800元。

业务98：将本月管理费用发生额12 300元，转入本年利润。

业务99：销售部门支付销售货物运费1 000元，以现金付讫。

业务100：企业结算应付销售部门人员工资9 000元。

业务101：以现金支付销售部门人员报销广告费2 100元。

业务102：计提销售部门的固定资产折旧900元。

业务103：将本月销售费用发生额13 000元，转入本年利润。

业务104：异地支付前欠大华公司的货款，发生手续费50元，通过银行直接扣缴。

业务105：支付银行账户管理费用30元，通过银行直接扣缴。

业务106：支付银行借款利息费用100元，通过银行直接扣缴（借款金额不大，不采用计提利息方法）。

业务107：收到银行利息收入20元，通过银行收到。

业务108：将本月财务费用发生额160元，转入本年利润。

业务109：企业计算本期应缴纳的企业所得税费用250 000元。

业务110：将本月计提的所得税费用发生额250 000元，转入本年利润。

会计分录考试

（请按要求编制相关会计分录）

（1）12月1日，收到投资人王平投入资金400 000元，款项已存入银行。

（2）12月1日，收到投资人南方公司投入的机器设备一台，评估确认作价为450 000元。

（3）12月2日，从银行借入期限为6个月的借款100 000元，年利率为6%，款项已收存入银行。

（4）12月3日，从业欣公司购入甲材料10 000千克，每千克10元，价款100 000元，增值税税率13%，增值税进项税额13 000元，价税合计金额113 000元。材料已验收入库，款项已用银行存款支付。

（5）12月4日，从曲友公司购入甲材料7 000千克，每千克15元，价款105 000元，增值税税率13%，增值税进项税额13 650元，价税合计金额118 650元。材料已经验收入库，款项通过开具银行承兑汇票。

（6）12月5日，从三木公司购入乙材料4000千克，每千克20元，价款80 000元，增值税税率13%，增值税进项税额10 400元，价税合计金额90 400元。材料已验收入库，款项尚未支付。

（7）12月13日，企业以银行存款90 400元支付前欠三木公司购买乙材料货款。

（8）12月6日，行政经理李强受公司指派出差，需借支差旅费2 000元，财务科以现金支付。

（9）12月9日，行政经理李强出差返回企业，到财务科报销差旅费1 800元，余款200元以现金方式退回财务科。

（10）12月14日，通过银行转账支付上月工资90 000元。

（11）12月15日，通过银行转账支付上月应交未交的增值税12 000元，城市维护建设税840元，教育费附加360元，地方教育附加240元。

（12）12月16日，销售给甲公司销售A产品50件，单价1 500元，货款75 000元，增值税税率13%，增值税销项税额9 750元，价税合计金额84 750元，款项通过银行存款收讫。

（13）12月16日，销售给乙公司A产品140件，单价1 500元，货款210 000元，增值税税率13%，增值税销项税额27 300元，价税合计金额237 300元，收到乙公司开具的一张银行承兑汇票。

（14）12月17日，销售给丙公司B产品100件，单价1 000元，货款100 000元，增值税税率13%，增值税销项税额13 000元，价税合计金额113 000元，款项通过银行存款收讫。

（15）12月17日，销售给丁公司B产品20件，单价1 000元，货款20 000元，增值税税率13%，增值税销项税额2 600元，价税合计金额22 600元，款项尚未收到。

（16）12月18日，企业以银行存款支付销售产品的广告费800元。

（17）12月18日，以现金支付行政部门办公用品款100元。

(18)12月18日,收到丁公司归还的前欠货款2 2600元,已存入银行。

(19)12月18日,企业以银行存款支付银行办理业务的手续费50元。

(20)12月19日,企业应付大欣公司账款2 000元,无法支付,经批准转作营业外收入。

(21)12月20日,企业因开空头支票,被银行罚款1 000元,银行将款项从企业账户划出。

(22)12月31日,企业根据当月领料凭证,编制领料凭证汇总表。生产产品耗用:A产品耗用甲材料5 000千克,单价15元;B产品耗用乙材料3 000千克,单价20元;车间一般耗用乙材料600千克,单价20元。

(23)12月31日,计算和分配本月职工工资90 000元。其中:生产A产品工人工资30 000元,B产品工人工资20 000元,生产车间管理人员工资15 000元、行政管理人员工资25 000元。

(24)12月31日,以银行存款支付本月水电费1 800元,其中生产车间一般性耗用1 000元,行政管理部门耗用800元。

(25)12月31日,计提本月固定资产折旧费2 000元,其中生产车间折旧费为1 200元,行政管理部门折旧费为800元。

(26)12月31日,归集、分配本月制造费用,按生产工时为标准分配到A产品、B产品(生产工时A产品120小时,B产品80小时)。

制造费用

(27)12月31日,月末,结转完工入库产品成本,假设本月投产本月全部完工,A产品完工100件,B产品完工100件。

生产成本——A产品		生产成本——B产品	
( )料:____		( )料:____	
( )工:____		( )工:____	
( )费:____		( )费:____	

（28）12月31日，向新华公司销售一批甲材料200千克，每千克售价15元，货款3 000元，增值税税率13％，增值税销项税额390元，价税合计金额3 390元，货款收到存入银行。

（29）12月31日，结转该批材料的销售成本，甲材料单位成本为10元，共计2 000元。

（30）12月31日，月末，结转本月销售产品成本（销售产品成本按月末一次加权平均法，假设库存商品A产品，期初数量200件，单价1 000元，金额200 000元；B产品，期初数量200件，单价800元，金额160 000元）。

（31）12月31日，月末结转未交增值税。

应交税费——增值税（进项税额）	应交税费——增值税（销项税额）

应交增值税＝销项税额－进项税额＝（　　　　　　　　　）

（32）12月31日，月末计提附加税费，根据本月应纳增值税的7％计提应交城市维护建设税，3％计提教育费附加，2％计提地方教育附加。

应交城市维护建设税 ＝

应交教育费附加 ＝

应交地方教育附加 ＝

（33）12月31日，结转当期所有损益类账户。

结转当期收入：	结转当期费用：

（34）12月31日，按本期实现利润总额的25％计算并结转应交所得税（假设不存在纳税调整事项）。

应纳企业所得税＝应纳税所得额×25％

　　　　　　　＝

计提所得税：

结转所得税费用：

（35）12 月 31 日,结转企业实现的净利润。年终决算时,把"本年利润"账户余额转入"利润分配"账户。